Nationalpark
Berchtesgaden

Die Wallfahrt über das Steinerne Meer

Rückblick, Beobachtungen und Interpretationen von Historikern, Naturwissenschaftlern und Theologen

Forschungsbericht 30

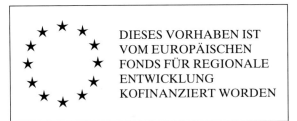

DIESES VORHABEN IST
VOM EUROPÄISCHEN
FONDS FÜR REGIONALE
ENTWICKLUNG
KOFINANZIERT WORDEN

Impressum:

Nationalpark Berchtesgaden
Forschungsbericht 30/1994

Herausgeber:
Nationalparkverwaltung Berchtesgaden, Doktorberg 6,
D-83471 Berchtesgaden, Telefon 0 86 52/96 86-0, Telefax 0 86 52/96 86 40,
im Auftrag des Bayerischen Staatsministeriums
für Landesentwicklung und Umweltfragen

ISSN 0172-0023
ISBN 3-922325-32-7

Druck: Berchtesgadener Anzeiger

Gedruckt auf chlorfrei gebleichtem Papier

Titelbild:
Nach dem Gottesdienst am Riemannhaus setzt sich der Wallfahrtszug in Bewegung.

Inhaltsverzeichnis

Ein Anliegen als Vorwort

„Gott sah alles, was er gemacht hatte, und fürwahr, es war sehr gut“. Mit dieser Aussage schließt nach Vollendung des sechsten Tages die Bibel ihr erstes Kapitel des Schöpfungsberichts. Noch hatte der Mensch nicht eingegriffen. Er stand am Anfang des Auftrags, das Geschaffene zu beherrschen und die Erde sich untertan zu machen.

Heute sind die Gebiete unserer Erde, die in etwa noch das Schöpfungswerk in seiner Ursprünglichkeit vorzustellen vermögen, nur mehr in Resten vorhanden. Und auch sie sind bis in die letzten Winkel des Erdballs hinein nicht völlig unbeeinflußt geblieben. Zu wirklich winzigen Resten sind derartige Landschaftsausschnitte in Mitteleuropa zusammengeschrumpft und entsprechend massiv werden sie von außen beeinträchtigt.

Ein solcher Rest liegt im Grenzraum von Salzburg und Berchtesgaden. Je nachdem, auf welcher Seite man lebt, ist der Name Salzburger Kalkhochalpen oder Berchtesgadener Alpen im Gebrauch. Gemeint ist damit ein und dasselbe Gebiet, in dem die weithin bekannten Berge Hoher Göll, Hagengebirge, Hochkönig, Steinernes Meer, Watzmann, Hochkalter und Reiteralm liegen. Aber auch in den Tälern gibt es Ortsbezeichnungen, die weltweiten Ruf haben, allem voraus der Königssee.

Mehrere Gründe können angeführt werden dafür, daß dieses Gebiet sich noch viel Ursprünglichkeit bewahrt hat.

Zwar sind aufgrund der Salzvorkommen in den ältesten Gesteinsschichten und durch seinen Abbau bereits seit der Bronzezeit einige benachbarte Talgebiete besiedelt, doch in die Gebirgsstöcke und die entlegeneren Täler drang der Mensch erst verhältnismäßig spät ein. Eine Dauerbesiedlung Berchtesgadens ist ab Anfang des 12. Jahrhunderts anzunehmen. Sie fällt mit der Gründung des Augustiner Chorherrnstifts zusammen.

Waldrodung, Kultivierung und bisweilen sogar sehr robuste Nutzung gab es auch in den Berchtesgadener und Salzburger Alpen. Nicht unerhebliche Gebiete setzten dem jedoch wegen ihrer schweren Zugänglichkeit Grenzen. Andererseits gibt es sehr frühe Hinweise dafür, daß den hier wirtschaftenden Menschen bewußt war, in welch sensibler Umwelt sie ihre Existenzsicherung zu bewerkstelligen und wie sorgsam sie folglich mit ihrem Lebensraum umzugehen hatten. Sie wären wohl kaum auf den Gedanken gekommen, das Bibelwort „macht Euch die Erde untertan“ derart falsch auszulegen, wie dies nicht selten geschah und auch heute noch geschieht. Der Auftrag des Schöpfungsberichts, die Erde zu bebauen und zu behüten, lag ihrer Lebenserfahrung und ihrer Einstellung sicher näher.

Gegen Ende des 19. Jahrhunderts begann der Tourismus die Alpen zu erobern. Damit setzte die gewaltigste Veränderung der Alpen in historischer Zeit ein. In Berchtesgaden und Salzburg war dies verbunden mit Bemühungen um den Schutz der zunehmend in Bedrängnis geratenen Natur. In der Folge wurde 1910 in Berchtesgaden mit dem Pflanzenschonbezirk eines der ersten Schutzgebiete der Alpen ausgewiesen. Seither geht auch der Wallfahrtsweg über das Steinerne Meer durch dieses Schutzgebiet. Ihm folgte 1921 das Naturschutzgebiet Königssee, aus dem schließlich 1978 der Nationalpark hervorging. Seit 1984 schließt sich auf Salzburger Seite ebenfalls ein Naturschutzgebiet an. Ein erheblicher Teil davon ist als künftiger Nationalpark ausersehen.

Naturgegebene Voraussetzungen, geschichtliche Entwicklung und frühzeitiger Einsatz für den Schutz der Natur und damit der Schöpfung machten es möglich, daß heute noch Beispiele des ursprünglichen Schöpfungswerkes, aber auch Beispiele des pfleglichen und sorgsamen Umgangs mit dieser Schöpfung entlang des Wallfahrtsweges von Maria Alm über das Steinerne Meer nach St. Bartholomä gefunden werden können. Historiker, Naturwissenschaftler und Theologen wollen in einer gemeinsamen Veröffentlichung die Geschichte des Wallfahrtsweges und die großen und kleinen Dinge, die am Wege liegen, vorstellen und deuten. Sie wollen so für den Schutz jenes Werkes eintreten, von dem die Bibel sagt, es wäre sehr gut gelungen.

Hubert Zierl

Wallfahrt in religiöser Sicht

Sebastian Kitzbichler

Der Wallfahrt liegt die Voraussetzung zugrunde, daß an einem bestimmten Ort Gott mit seinen Licht- und Gnadenkräften dem heils- und hilfsbedürftigen Menschen besonders nahe steht, Zeugnis davon geben die vielen Votivbilder und Votivgaben an den Wallfahrtsorten.

Grund für eine Wallfahrt ist die Bitte um Hilfe in Nöten und Schwierigkeiten, um Heilung von Krankheit oder auch um Klarheit bei wichtigen Entscheidungen.

Der Anlaß kann aber auch die Dankabstattung für erlangte Hilfe sein; auch dies ist wichtig zu sehen, denn wir sind als Menschen nicht nur bittende und fordernde, hoffende und erwartende, auf ihr Recht pochende und verlangende, sondern wir sollen zugleich immer auch dankende sein, wissend, daß vieles uns geschenkt ist, wissend, daß es nicht nur die enttäuschten Hoffnungen, sondern auch die in Erfüllung gegangenen Träume gibt.

Das äußere sich Auf-den Weg-Machen bei jeder Wallfahrt ist ein Zeichen für die innere Gottsuche des Menschen. Und so wie uns der äußere Weg manche Mühe, manchen Schweiß, manche Anstrengung abverlangt, so ist auch der innere Weg zu Gott nicht ohne Mühen und Anstrengung erreichbar. Jede Beziehung, auch die Gottbeziehung, kostet etwas, erfordert ein Suchen und Ringen; vor allem aber gilt: Beziehung ist immer etwas Lebendiges; wer meint, sie als sicheren, unverlierbaren Besitz in den Händen zu halten, der hat sie schon verloren.

Unser Glaube ist immer gefährdeter Glaube; jede Feier des Glaubens und jede Wallfahrt will dazu beitragen, daß dieser Glaube neu gestärkt wird. Sie laden dazu ein, sich neu dessen zu vergewissern: Gott ist mit uns auf dem Weg. Im gemeinsamen Beten, im miteinander auf-dem Weg-sein soll die Harmonie mit Gott, der Einklang mit ihm und seiner Schöpfung aber auch die Gemeinschaft, der Friede mit den Mitmenschen neu gefunden werden. Mit neuer Zuversicht, mit der Erfahrung, daß jede/r ihr/sein ganz persönliches Kreuz zu tragen hat und ich mit meinen Problemen nicht allein dastehe, sondern daß viele mit mir auf dem Weg sind, tritt jeder Wallfahrer die Heimkehr an. Mit dem festen Vertrauen, daß Gott mich nicht fallen läßt, sondern mich trägt durch alle Stürme und Dunkelheiten des Lebens, und daß er bei mir ist auch in meiner Schuld, um sie von mir zu nehmen und mich wieder neu und unbelastet beginnen zu lassen, werde ich in den Alltag gesandt. Gesegnet soll ich sein und zum Segen soll ich werden für andere (wie Abraham Gen. 12,1–3).

Diese Wallfahrt von Maria Alm nach St. Bartholomä hat noch ihre Besonderheiten:

Sie geht in die Berge, sie führt in die Höhen und von dort wieder ins Tal, und sie führt über die Grenze.

Die Berge sind in der Bibel – und auch in anderen Religionen – Stätten der Gottesoffenbarung (Gott tut Mose die Zehn Gebote – die Weisung für ein Leben in Freiheit – kund: Ex. 19,1–20,21), sind Stätten der Anbetung und der Opfer (Abraham – Isaak – Gen. 22) und sind Orte der Gottesbegegnung (Elia – 1 Kön. 19,1–13; Verklärung Jesu – Mt. 17,1–9). Vor schweren Entscheidungen (Wahl der Zwölf) zog Jesus sich auf den Berg zurück, um zu beten, um auf Gottes Stimme zu hören (Lk. 6,12–16).

Berge sind in ihrer Wuchtigkeit und Beständigkeit Bilder für die Schöpfermacht und Gerechtigkeit Gottes. Ihre Stille lädt in unserer lauten Welt zum Innerlich-ruhig-Werden, zum Hören ein. Ihre Größe macht uns bewußt, wie klein wir doch sind, wir sind nicht die Herren und doch sind wir mit großer Würde ausgestattet – wir sind Gottes Ebenbilder. Ihre Weite will uns helfen als aller Enge/Angst herauszufinden, will uns Klarheit und Weitblick schenken, damit wir unseren Weg wieder erkennen.

Die Höhen laden uns ein, uns von den Zwängen der Berufs- und Alltagswelt nicht erdrücken zu lassen; dort, wo uns die Zwänge ein zu enges Korsett anlegen, kann es sogar gefordert sein, auszubrechen und neu die Freiheit zu suchen, neu Abstand zu gewinnen, sich einen Überblick zu verschaffen, um entscheiden zu können, was gut und richtig ist und wo wir falsch liegen. Von oben betrachtet, im nötigen Abstand, relativiert sich manches; was hier unser Blickfeld ausfüllt und gefangenhält, erscheint von oben möglicherweise klein und unbedeutend.

Von den Höhen führt diese Wallfahrt wieder hinunter bis zum Königssee und nach St. Bartholomä. Dies führt uns vor Augen: Der Glaube soll Menschen nicht abheben lassen, sondern er soll helfen mit beiden Füßen auf der Erde zu stehen. Der Glaubende soll sich den Blick für die Wirklichkeiten dieser Welt nicht trüben lassen; er soll einen klaren Blick haben für all das Gute in und um uns, aber er soll auch vor dem Negativen, vor dem Bösen, vor dem Unmenschlichen seine Augen nicht verschließen. Der Glaubende darf und soll vom Paradies, von der neuen Welt Gottes, in der Gerechtigkeit, Friede und Liebe wohnen, träumen; er soll aber auch wissen, daß dieser Traum nicht ohne unser Zutun Wirklichkeit wird. Gott legt sie uns nicht einfach in den Schoß, aber er stattet uns aus mit der Kraft seines Geistes, damit wir nicht müde werden an iher Verwirklichung zu arbeiten.

Und diese Wallfahrt führt über die Grenze, grenzüberschreitend sind die Vielen unterwegs: es gilt nicht nur die Grenzen zwischen den Ländern zu überschreiten, sondern auch die Grenzen, die unter uns Menschen aufgebaut werden. Sie soll ein Beitrag sein, damit Verständigung, Rücksichtnahme, Wohlwollen und gegenseitige Achtung nicht Lippenbekenntnisse bleiben, sondern mit Leben erfüllt werden. Die mitgehende Musik ist dabei die alle verbindende „Sprache", die zu Herzen geht, die die Menschen zusammenruft zum Fest des Glaubens und dann auch zum Tanz und fröhlichem Beisammensein.

Wie jede Wallfahrt so läßt uns auch diese über Berge und Grenzen führende Wallfahrt von Maria Alm nach St. Bartholomä neu dessen bewußt werden, daß wir Menschen nicht das letzte Maß aller Dinge sind, sondern daß auch an uns einmal Maß genommen wird von Gott. – Er hat uns diese Erde anvertraut, er hat sie geschaffen und nicht wir Menschen sind Schöpfer dieser Erde; wir haben uns aber jahrhundertelang vom Schöpfungsbericht her das Recht herausgenommen, über sie zu herrschen nach unserem Gutdünken und Belieben. Herrschaft hat jedoch in der Bibel nichts mit Willkür zu tun. Das Bild für den Herrscher und König ist in der Bibel an vielen Stellen der Hirte; und der eigentliche Herr und König, von dem sich jede menschliche Herrschaft ableitet, ist Gott selbst. Dem Hirten steht es nicht frei die Herde hinzuführen, wo er nur will, sondern ihm obliegt es, sie auf gute Weide und zu den Quellen des Wassers (= des Lebens) zu führen. Ihm ist es nicht gestattet, sie auszubeuten und für sich herauszuholen, was menschenmöglich ist, sondern ihm ist es aufgetragen, für sie zu sorgen, ein Auge auf die Schwachen zu werfen und den Kranken und Verlorenen nachzugehen, ja, falls nötig, die Herde gegen alle Gefahren und Bedrohungen zu schützen bis zur Hingabe des eigenen Lebens (Ez. 34,1–22; Joh. 10,1–21).

Wir haben wieder neu zu begreifen, daß „über die Erde zu herrschen" vor allem bedeutet, sie zu bewahren und zu behüten. Wir können selber in keine gute Zukunft gehen, wenn wir die Erde, auf der wir leben, als Lebensraum für Pflanzen, Tiere und für uns selbst und kommende Generationen zerstören. Am Ende des Schöpfungsberichtes heißt es: „Gott sah alles an, was er geschaffen hatte: es war sehr gut." (Gen. 1,31). Wenn wir Menschen uns ansehen, was wir alles gemacht haben, können wir wahrlich nicht immer behaupten: Es war / es ist sehr gut. In machem wäre Umkehr notwendig, damit die Not der Schöpfung gewendet werden könnte. Gott schenke uns den klaren Blick dafür und die nötige Kraft um entsprechende Schritte zu setzen. Wallfahrt und Nationalpark seien Anstöße zu einem neuen Denken, zu einem neuen Umgang mit der Schöpfung.

Die Pinzgauer Wallfahrt nach St. Bartholomä

Wilhelm Schwaiger

Den 23. Augusti 1688, da vill übers gebierg zu S. Barthlme walfarthen gangen, und über 100 Personen in ain baufelliges schiff gestigen, iß das schiff gleich nach unbesonenen abstossen der schiffleith gesunkhen und über 70 Personen ertrunkhen ....

Mit diesem Unglück und den daraus folgenden Berichten in den Sterbebüchern verschiedener Pfarren im Pinzgau tritt diese Wallfahrt über das Steinerne Meer nach St. Bartholomä ins Licht der Öffentlichkeit. Warum und seit wann dieser Brauch geübt wurde, findet sich in keinem Dokument dieser Zeit und so müssen wir uns auf Mutmaßungen verlegen und die mündliche Überlieferung sprechen lassen.

Das gewaltigste Ereignis, das seinen Niederschlag hinterlassen hat, war wohl die Pest, die innerhalb von 300 Jahren 14 mal im Pinzgau und besonders im Raum in und um Saalfelden gewütet hat.

So erzählt uns die Überlieferung von der großen Not dieser Zeit, wie ganze Ortschaften aussterben, aber auch von Menschen, die, entgegen jeder Logik, von der Pest verschont bleiben.

Doch lassen wir die Pinzgauer Moidl (Pinzgauer Sagen 1925 S. 101 ff) erzählen:

„Hatten am Anfang der Pest die Menschen noch fleißig zu Gott gebetet und um Errettung gefleht, ebenso auch mancher sich seiner Erbschaft oft wohl nicht zu lange gefreut, wurden sie zuletzt ganz stumpfsinnig, wußten selbst oft gar nicht mehr, welchen Tag sie in der Woche hatten. Da – auf einmal hörten sie ein Glöcklein läuten, silberhell und klar, und jeder noch Lebende horchte auf und ging dem Schall des Glöckleins nach. Auf der Loferer Straße gleich außer dem Markte Saalfelden kamen nun sonderbarerweise alle noch Lebenden zusammen. Es waren im ganzen noch zehn Männer und sechs Weiber, sowie einige Kinder. Wortlos schaute eins das andere an, denn fast jeden wunderte es, daß der oder die andere noch am Leben sei. Das Glöcklein läutete fort und es klang gerade, als wenn es droben am Steinernen Meer läutete. Verwundert schauten die übrig gebliebenen Menschen hinauf. Da sagte der alte Kratzerbauer: ‚Leutl, die Glock, die kenn i! Dös is die Dürrnberger Glock.‘

Daß ma dö aba ummahörn, das hat was zu bedeuten. Mach ma a Gelöbnis za da Muttergottes am Dürrnberg, daß sie uns hilft für die schnuckig Sterb!‘ ‚Ja, ja‘ fielen alle ein, ‚wann wir ban Lebn bleibn, sollt's ganze Jahr a Kerz für uns brenna bei ihr.‘ Dann knieten sie nieder und konnten wieder das erstemal mit vollem

Vertrauen beten. Da rumpelte der Leichenwagen daher, aber die Totengräber schwenkten die Hüte und riefen: ‚Leutl, Leutl heut is das erstmal, daß man koan Tot'n mehr findt'n. Die Pest is aus!‘

Da knieten sie nochmals nieder, dankten Gott für die wunderbare Rettung und erneuerten ihr Gelöbnis.

So endetet die Pest in Saalfelden und noch heute brennt die Kerze der Saalfeldner in der Kirche am Dürrnberg.“

So weiß es auch die mündliche Überlieferung zu berichten und immer wieder wanderten viele aus dem Pinzgau über das Steinerne Meer zur Muttergottes am Dürrnberg.

Das „Dürrnberger Liebfrauenbüchlein“ (1888) datiert das Gelübde auf das Jahr 1649. „Alle 6 Jahre kommt ein ansehnlicher Kreuzgang aus Saalfelden und opfert ein Wachskerze von 50 Pfund.“

St. Bartholomä wird anfangs sicherlich nur eine Zwischenstation auf dem langen und beschwerlichen Weg gewesen sein, verlangte doch die Überfuhr nach Königssee die Geschlossenheit der Teilnehmer, wollte man nicht den mühseligen Weg über den Viehtriebsteig auf sich nehmen.

Wie es zu dem tragischen Unglück kam, können uns nur die unvollständig erhaltenen Dokumente sagen und die Sterbebücher der betroffenen Pfarrgemeinden geben darüber Auskunft:

Durch die Fürbitte der heil: Mutter Gottes sind die Bewohner
von Saalfelden von der Pest, welche im Jahre 1600
alldort herrschte, befreit worden, Zur schuldigen
Danksagung u. neuer Bitte um sichere Abwendung
aller gefährlichen Krankheiten, hat die löbl. Gem:
Saalfelden diese Kerze in dieses ehrwürdig
Gotteshaus geopfert 1841

Sterbebuch Alm 1688

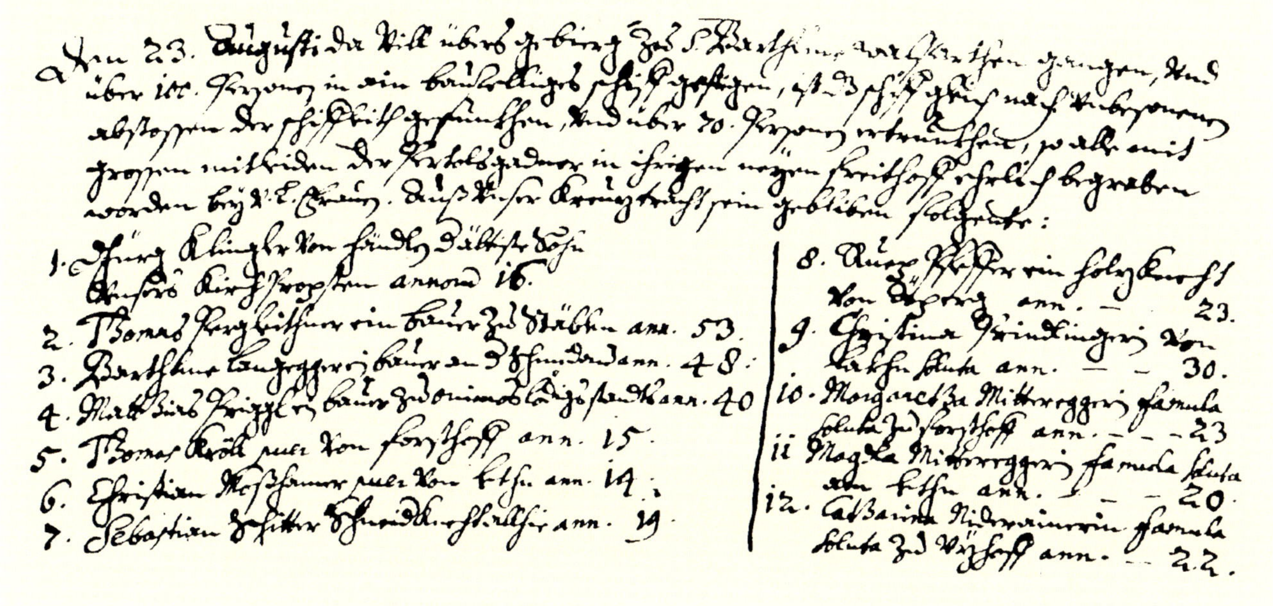

Den 23. Augusti da vill übers gebierg zu S. Barthlme walfahrten gangen, und über 100 Personen in ain baufelliges schiff gestigen, iß das schiff gleich nach unbesonenen abstossen der schiffleith gesunkhen, und über 70 Personen ertrunkhen, so alle mit grossen mitleiden der Pertolsgadner in ihrigen neyen freithoff ehrlich begraben worden beÿ H. L. Frauen, Auß unser Kreuztracht sein gebliben folgende:

1. Jürg Klingler von Händlern ältester Sohn unsers Kirchpropsten annom 16. (16 Jahre alt)
2. Thomas Pergleithner ein bauer zu Stäblen ann. 53.
3. Barthlme Langegger ein bauer an Schmidau ann. 48.
4. Matthias Priggl ein bauer zu Onimos lödigs standts ann. 40.
5. Thomas Kröll puer (Knabe) von Forsthoff ann. 15.
6. Christian Moßhamer puer von Lethn ann. 14.
7. Sebastian Schitter Schneid Knecht allhir ann. 19.
8. Ruep Pfeffer ein holz Knecht Von Äperg ann. 23.
9. Christina Prindlingerin von Lakhn soluta (ledig) ann. 30.
10. Margaretha Mittereggerin famula soluta (ledige Magd) zu Forsthoff ann. 23.
11. Magdla Mittereggerin famula soluta am Lethn ann. 20.
12. Catharina Niderainerin famula soluta zu Vyhoff ann. 22.

Zur letztgenannten Catharina Niderainerin erzählt die Überlieferung: Ihr eigener Vater war auch mit auf dem Schiff und hat in Panik und Todesangst, obwohl er sich an einer Staude am Ufer festklammern konnte, die Tochter zurück ins Wasser gestoßen, wo sie mit den anderen umgekommen ist. Dem Vater hat diese Handlungsweise in der Folge so zugesetzt, daß er im folgenden Jahr an Irrsinn starb.

Sterbebuch Zell / Maishofen 1688

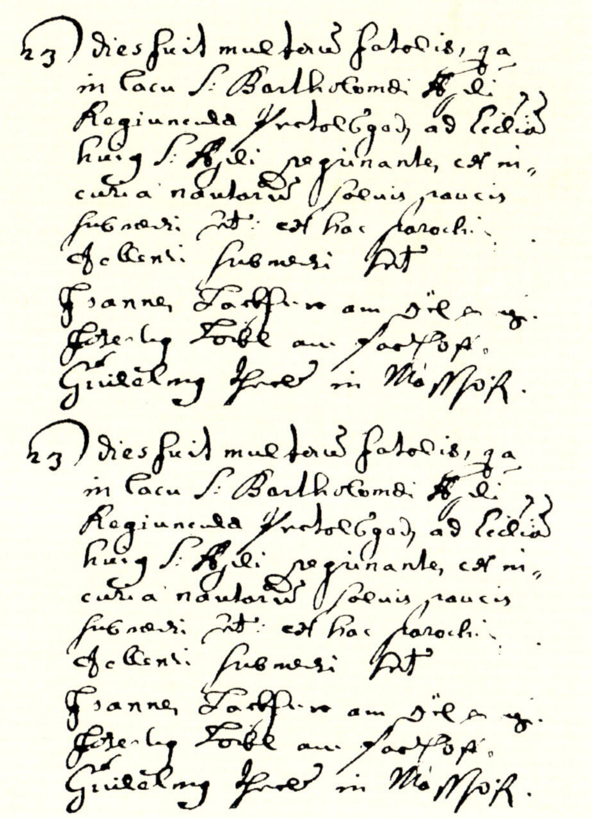

23 Dies fuit multeriem fatalis, qua in lacu Sancti Bartholomoi Apostoli Regiunealae Pertolsgaden ad Ecclesiam huius Sancti Apostoli Peregrinantes ex incuria nautarum soluis paucis sub mari sunt. Ex hac parochia Zellensi sub mari sunt:

Joannes Larbfner am Dölinger
Josephus Loibl am Forsthoff
Guilelmus Thorer in Maißhofen

Abbildung Seite 10:
Votivtafel aus der Dürrnberger Kirche.

Mathäus Pichler in Turmersbach
Christianus Segman an Forchenögg
Bartholomäus Pichler am Salhoff
Mathäus Rotenperger ibidem femi (an derselben Stelle Frau)
Joanna Elpogner in Mayshofen
Anna Schaumbergerin am Fallögg
Christina N. Dienstmagdt ...
et Mathias Lederer

Der 23. August war ein sehr verhängnisvoller Tag, an dem im See des Hl. Apostels Bartholomäus, zur Landschaft Berchtesgaden gehörig, die zur Kirche dieses Hl. Apostels Wallfahrenden infolge der Nachlässigkeit der Schiffer – nur wenige wurden gerettet – unter dem Wasser sind. Aus dieser Zeller Pfarre sind unter Wasser:

Sterbebuch St. Georgen 1688

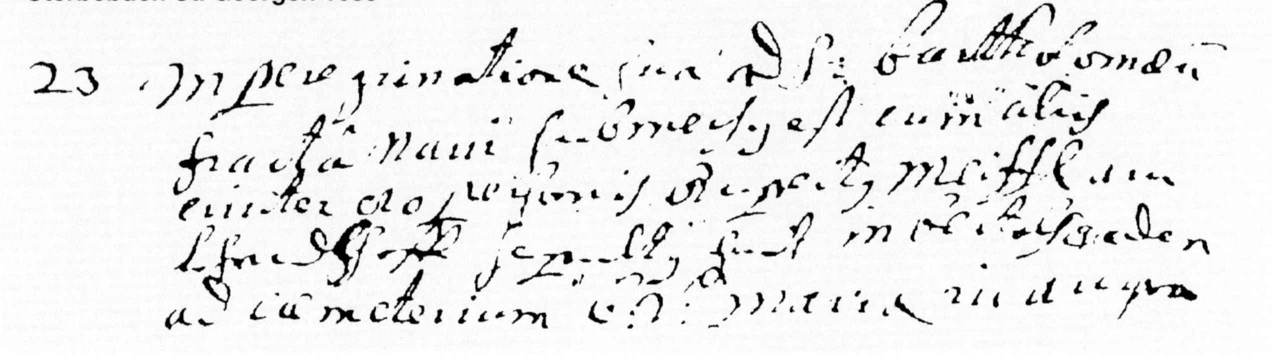

23 in peregrinatione sua ad S. bartholomeau fracta nabi submersus est cum aliis circiter 80 personis Rupert Meissl am khendlhoff sepultus fuit in bertolsgaden ad cemeterium B. V. Maria in anger.

Am 23. August ertrank auf der Pilgerfahrt nach St. Bartholomä durch ein zerbrochenes Schiff mit ungefähr 80 anderen Personen Rupert Meissl von Khendlhoff und wurde in Berchtesgaden im Friedhof der Kirche zur seligen Jungfrau Maria am Anger begraben.

Sterbebuch Taxenbach 1688

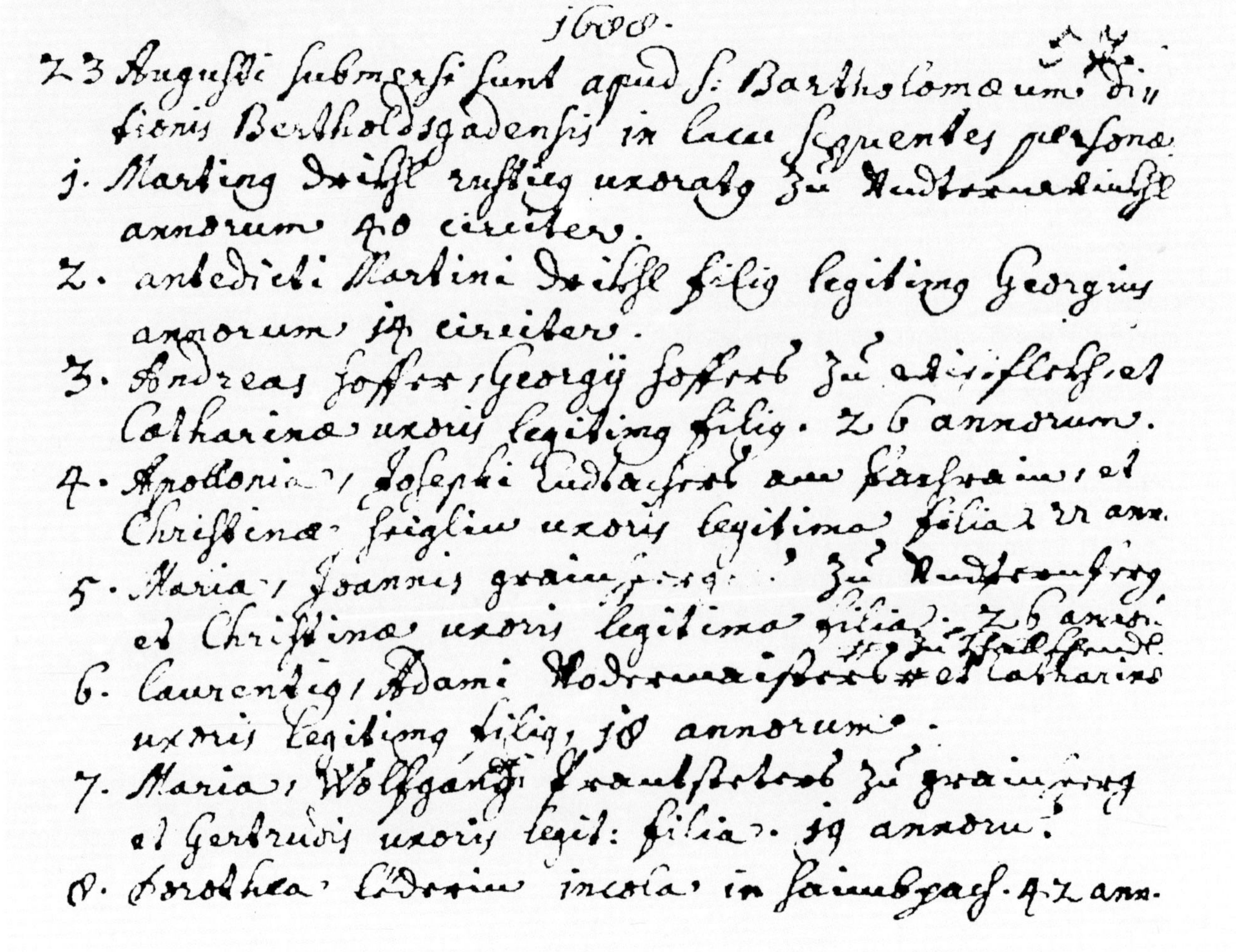

23 Augusti submersi sunt apud S: Bartholomaum die fionis Bertholdsgadensis in lacu sequentes personae:

1. Martinus Drikhl rusticus uxoratus zu Undternwinkhl annorum 40 circiter.
2. antedieti Martini Drikhl filius legitimus Georgius annorum 14 circiter.
3. Andreas Hoffer, Georgy Hoffers zu Wißflekh, et Catharina uxoris legitimus filius. 26 annorum.
4. Apollonia, Josephi Endtachers am Pachrain, et Christina ... uxoris legitima filia. 22 ann.
5. Maria, Joannis Grainspergers zu Undternperg, et Christina uxoris legitima filia. 26 annorum.
6. Laurentius, Adami Vordermaisters, zu Thalkhendl, et Catharina uxoris legitimus filius, 18 annorum.
7. Maria, Wolgangi Prantsteters zu Grainsperg et Gertrudis uxoris legit. filia. 19. annorum.
8. Dorothea Löderin incola in Haimbpach. 42 ann.

Am 23. August ertranken am Festtag Berchtesgadens bei St. Bartholomä folgende Personen im See:

1. Martin Drikhl eingeheirateter Bauer zu Undterwinkhl. Ungefähr 40 Jahre alt.
2. desgleichen Martin Drikhl, ehelicher Sohn des Georg. Ungefähr 14 Jahre alt.
3. Andreas Hoffer, Georg Hoffers zu Wißflekh und seiner Gattin Catharinas ehelicher Sohn. 26 Jahre alt.
4. Apollonia, Joseph Endtachers am Pachrain, und seiner Gattin Christinas eheliche Tochter. 22 Jahre alt.
5. Maria, Johann Grainspergers zu Undternperg und seiner Gattin Christinas eheliche Tochter. 26 Jahre alt.
6. Laurentius. Adam Vordermaisters zu Thalkhendl und seiner Gattin Catharinas ehelicher Sohn. 18 Jahre alt.
7. Maria, Wolfgang Prantsteters zu Grainsperg und seiner Gattin Gertrudis eheliche Tochter. 19 Jahre alt.
8. Dorothea Löderin Inwohnerin in Haimbpach. 42 Jahre alt.

Sterbebuch Dienten 1688

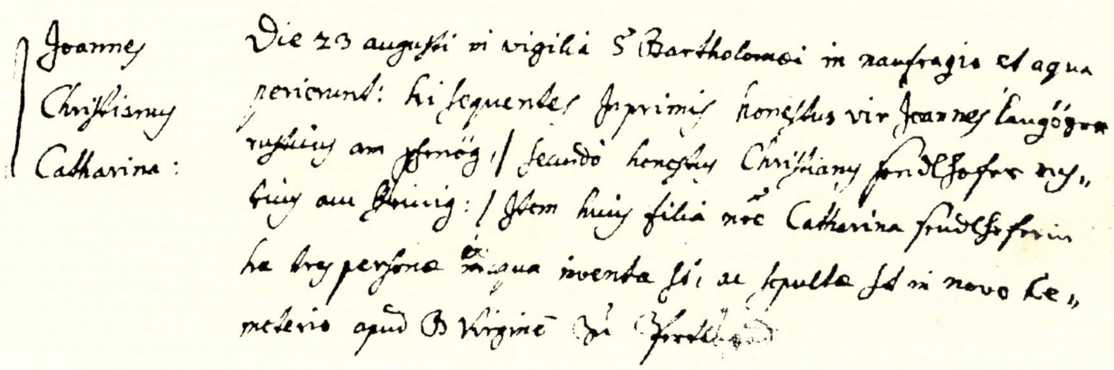

Joannes
Christianus
Catherina

Die 23 augusti in vigilia S Bartholomoi in naufragio et aqua perierunt: Hi sequentes inprimis honestus vir Joannes Langöger rusticus am schenög,/ secundo honestus Christianus Sendlhofer rusticus am Grinig:/ item huius filia nomine Catharina Sendlhoferin. Hae tres personae ex aqua inventae sunt ac sepultae sunt in nobo cemeterio apud B Virginem in Pertlsgaden:

Johannes
Christian
Katharina

Am 23. August. am Tag vor dem hohen Kirchenfest des Hl. Bartholomäus, gingen bei einem Schiffbruch und im Wasser zugrunde: Diese folgenden, der besonders ehrenwerte Herr Johann Langöger, Bauer am Schenög, zweitens der ehrenwerte Christian Sendlhofer, Bauer am Grinig ebenso dessen Tochter namens Katharina Sendlhoferin. Diese drei Personen wurden aus dem Wasser geborgen und bestattet im neuen Friedhof zur Seligen Jungfrau (Lieben Frau) in Berchtesgaden.

Die Angaben in den verschiedenen Quellen über die Zahl der Verunglückten schwankt zwischen 60 und 80.

Daß nur etwa die Hälfte der Verunglückten in Pinzgauer Sterbebüchern festgehalten ist, liegt daran, daß alle in B.G. begraben wurden, und nur am Bestattungsort Eintragunspflicht bestand. Das entsprechende Blatt im Sterbebuch von B.G. fehlt!!

Die näheren Umstände des Unglücks sind nicht belegt. Die mündliche Überlieferung berichtet jedoch von einem Eindringen des Wassers vom Boden des Fahrzeuges her, das dann zu einer katastrophalen Panik führte. Möglicherweise verwendeten die Wallfahrer auf eigene Faust ein defektes Boot oder floßähnliches Gefährt („a z'lexnts Schiffl"). Schon 1689 wird in einem Konsistorialbericht der Auftrag erteilt, in Festeszeiten die sichere Schiffahrt der Wallfahrer zu besorgen.

Nachforschungen der letzten Jahre ließen noch offene Fragen klären: So kann nun die komplette Namensliste der Verunglückten von 1688 veröffentlicht werden und damit steht auch die Gesamtzahl der Toten eindeutig fest.

Saalfelden mit Leogang	34
Alm	14
Zell am See mit Maishofen	11
Taxenbach	8
Dienten	3
St. Georgen	1
	71

Verzaichnuß

Der im Bärtlme Gur Berchtesgadner Landt. Von ertraulichen Persohnen, den 23. Augusti Ao: 1688.

Auß dem Gericht Liechtenberg,

Rueppe Millinger lediger dienstknecht zu Albendorf, bey 30. Jahren Alt.

Marthin Häglinger lediger standts zu [illegible] feldn 15. Jährigen Alters.

Jacob Schretter ledigstandts im [illegible], bey 30. Jahren Alt.

Virgili Marzamer verheyratenstandts zu Weißenbach [illegible], bey 45. Jahren Alt.

Geörg Möllinger verheyrater Müllner im [illegible] 30. Jährigen Alters.

Christian [illegible] lediger dienstknecht zu Weißenbach bey 50. Jahren Alt.

Simon [illegible] lediger Hörberger am [illegible], bey 30. Jahren Alt.

Bärtlme [illegible] lediger dienstknecht zu Mosshamb 24. Jahr Alt.

Christian Brandtstetter verheyratenstandts zu Dorf 50. Jährigen Alters.

Joseph [illegible] lediger dienstknecht zu Moosen 44. Jahr Alt.

Wolf [illegible] ledigstandts zu [illegible] 20. Jährigen Alters.

Hanß [illegible] verheyrater [illegible] zu [illegible] 40. Jahr Alt.

Hanß [illegible] witiber und Hörberger zu Hof, bey 65. Jahr Alt.

Jacob [illegible] ledigstandts in der [illegible] 26. Jahr Alt.

Paul [illegible] ledigstandts in der [illegible] 17. Jahr Alt

Peter [illegible] ledigstandts zu [illegible], im 17. Jährigen Alters.

Hanß Brandtstetter lediger dienstknecht zu [illegible] 22. Jahr Alt.

Magdalena Brandtstetterin ledigstandts alda 20. Jährigen Alters.

Rob: [illegible] lediger dienstknecht zu [illegible] 17. Jahr Alt.

Hanß [illegible] lediger dienstknecht am [illegible] 22. Jahr Alt.

Niclaß [illegible] dienstbueb am [illegible] 15. Jahr Alt.

Hanß [illegible] lediger dienstknecht zu [illegible] 26. Jährigen Alters.

Hanß [illegible] ledigstandts zu [illegible] 17 Jahr alt.

Christian [illegible] lediger dienstknecht zu [illegible] bey 30. Jahr alt.

Simon [illegible] lediger Hörberger zu [illegible], bey 40. Jahr alt.

Catharina [illegible] ledige dienstdiern zu [illegible] bey 30. Jahr alt.

Hanß und [illegible] beede ledigstandts zu [illegible] 20. und 17. Jahr alt.

Hanß [illegible] lediger [illegible] zu [illegible] 30. Jährigen Alters.

Maria [illegible] ledige dienstdiern zu [illegible] 20. Jahr alt.

Hanß [illegible] ledigstandts zu [illegible] 20. Jährigen Alters.

Peter, Christian und Maria [illegible] zu [illegible] 15. 13. und 10. Jährigen Alters.

Elisabeth [illegible] ledigstandts zu [illegible] 14. Jahr Alt.

Christian [illegible] lediger [illegible] 22. Jahr Alt.

Verzeichnuß (siehe Seite 14)

Der im Bärtlmee See Berchtesgadner Landtghts: ertrunkhenen Persohnen, den 23. Augusti Ao: 1688

Auß dem Gericht Liechtenberg

Ruepp Millinger lediger Dienstkhnecht zu Albmdorf, bey 30 Jahren alt.

Marthin Haydinger ledigstandts zu Salfelden, 15jährigen Alters.

Jacob Schretter ledigstandts im Lach gehaust, bey 30 Jahren alt.

Virgilli Marzanner verheyrathenstandts zu Weikherspach gehaust, bey 45 Jahren alt.

Geörg Mödlinger verheyrather Millner im Ried. 30jährigen Alters.

Christian Pirzlpacher lediger Dienstkhnecht zu Weikherspach bey 50 Jahren alt.

Simon Feuersenger lediger Hörberger am Wikingpichl, bey 30 Jahren alt.

Bärtlmee Prindlinger lediger Dienstkhnecht zu Mosßhamb. 24 Jahr alt.

Christian Prandtstetter verheyrathenstandts zu Dorf. 50jährigen Alters.

Joseph Feuersenger lediger Dienstkhnecht zu Mosen, 44 Jahr alt.

Wolf Prändtl ledigstandts zu Edt. 20jährigen Alters.

Hanß Prundtner verheyrather Weber zu Päbing. 40 Jahr alt.

Hanß Khürnperger Wittiber und Hörberger zu Hof, bey 65 Jahre alt.

Jacob Gschwendtner ledigstandts in der Urßlau. 26 Jahre alt.

Paul Lechner ledigstandts in der Albm. 17 Jahre alt.

Peter Pichler ledigstandts zu Ruegasßing, im 17. Jahr seines Alters.

Hanß Prandtstetter lediger Dienstkhnecht zu Stokhern, 22 Jahr alt.

Magdalena Prandtstetterin ledigstandts aldorthen, 20jährigen Alters.

Seb. Krazperger lediger Dienstknecht zu Stokhern, 17 Jahre alt.

Hanß Stier lediger Dienstkhnecht am Hochreith, 22 Jahr alt.

Niclas Rieder Dienstpueb am Hochreith, 15 Jahr alt.

Hanß Hörzog lediger Dienstkhnecht zu Schinkhing, 26jährigen Alters.

Hanß Härtl ledigstandts zu Mosen, 15 Jahr alt.

Christian Härtl lediger Dienstkhnecht zu Mosen, bey 30 Jahr alt.

Simon Schenegger lediger Hörberger zu Dorf, bey 40 Jahre alt.

Catharina Schwäblin ledige Dienstdiern zu Undter Pyberg bey 30 Jahr.

Hanß und Virgily Frizenwankher, beede ledigstandts zu Mayrhofen 20 und 17 Jahr alt.

Hanß Jöchlinger lediger Millkhnecht zu Pergleithen. 30jährigen Alters.

Maria Jöchlingerin, ledige Dienstdiern zu Puechpichl, 26 Jahr alt.

Hanß Hirschbichler, ledigstandts zu Marzon, 20jährigen Alters.

Peter, Christina und Maria, 3 Perweinische Khinder zu Saalfelden 15, 13, und 10jährigen Alters.

Elisabeth Höllerin ledigstandts zu Salfelden, 15 Jahr alt.

Christian Pener lediger Khlamferergsöll alda, 22 Jahr alt.

Geschah das Unglück wirklich an der Falkensteinwand?

Seit Menschengedenken wird beim roten Kreuz an der Falkensteinwand der Verunglückten gedacht und auch die Bootsleute verweisen in ihren Ausführungen immer auf diese Unglücksstelle.

Betrachtet man die vorhandenen Dokumente genauer, so muß man diese Annahme in Zweifel ziehen. „iß das schiff gleich nach unbesonenen abstossen der schiffleith gesunkhen ..." – Das Votivbild aus der Kapelle von Almdorf zeigt die Ertrinkenden im freien Wasser, angesichts des Kircherls von St. Bartholomä, und ein auf flachem Boden stehender Wallfahrer versucht eine Frau zu retten. All das ist an der Falkensteinwand unmöglich.

1689 wird beim Fischmeister „wegen des stainern Kreiz, alwo die Walfahrter ertrunkhen", nachgefragt. Solange nicht die Lage dieses steinernen Kreuzes feststeht, ist auch die Unglücksstelle nicht eindeutig bewiesen. Aufschluß könnten nur Untersuchungen von Tauchern geben, denn damals lag der Seespiegel um 2 m tiefer (vor der Errichtung der Seeklause).

Verwirrung in dieser Frage stiftete das Votivbild aus der Kapelle von Almdorf, das in seiner Darstellung den Schauplatz des Unglücks in die Nähe des „Reitl's" verlegte. Das, in einem Konsistorialbericht von 1689 erwähnte „stainern Kreiz, alwo die Walfahrter ertrunkhen", steht noch 1845.

Im „Touristenhandbuch, Wanderungen durch Salzburg nebst Anhang: Darstellung Berchtesgadens" Bd. 2, S. 211 von F. C. Weidmann, heißt es: Zur Rechten erhebt sich die Falkensteinwand mit der hoch über ihr liegenden Koppensteiner Alpe. Am Fuß der Wand zeigt sich das Steinkreuz, die Stelle bezeichnend, wo der vom Sturm gepeitschte See vor mehr als hundert Jahren ein Schiff mit Wallfahrern verschlang.

Dazu paßt auch mit der damals anders gelagerten Uferlinie der Passus aus dem Almer Sterbebuch: ... iß das schiff gleich nach umbesonenen abstossen der schiffleith gesunkhen, und über 70 Personen ertrunkhen.

Diese Tatsache legt den Schluß nahe, daß die Pinzgauer auf dem Rückweg vom Dürrnberg zur Kirchweih von St. Bartholomä waren.

Hl. Bartholomäus, Patron der Almleute

In all den Berichten von 1688 wird nur eine Wallfahrt nach St. Bartholomä erwähnt, sodaß man annehmen kann, daß dieselbe schon eine gewisse Eigenständigkeit erlangt hatte, wird doch der hl. Bartholomäus vorzüglich von Bergleuten, Sennern und Holzknechten verehrt.

Dise Daffel ist Hie-
her gemacht worden, Zu
einer gedechtnis, der ertrunken
Perschonen, im Pärthme See, gott
woll inen Und allen Cristglaub
igen Seelen die Ewighe Ruhe
16 Verleihen. 91.

Michael Vierthaler beschreibt in seinem Buche: „Meine Wanderungen durch Salzburg, Berchtesgaden und Österreich" II 1816, S. 28 ff St. Bartholomä und sein Kirchweihfest treffend:

„St. Bartholomä gleicht einer Insel im stillen Meer. Ungeheure Gebirge, der Watzmann, die Stuhlwand, der Burgstall und ein 600 Fuß tiefer See halten es von der übrigen Welt abgesondert. Die Kirche, an welche das fürstliche Landhaus angebaut ist, steht am Rande des See's, und wird in den Tagen des Sturmes von seinen Fluthen bekämpft.

Rings umher breitet sich in Form eines Halbzirkels ein sanfter Grasboden aus, auf welchem einzelne Kälber und Kühe weiden, und den Grasboden umzieht ein stiller Eschen- und Buchenhain.

Die Gegend scheint nur für die Thiere des Waldes und der Berge, für Jäger und Fischer und Anachoreten geschaffen zu seyn.

Dennoch findet man an einem Tag des Jahres, am Feste des Apostels, dem die Kirche geweiht ist, das einsame Eiland ganz mit Menschen bedeckt. Sie kommen größtentheils aus Pinzgau, über Tauern und Alpen herab, und aus Klüften und Schründen heraus, wo selbst Thiere nicht ohne Gefahr wandeln können.

Ihr religiöses Gefühl erhält einen höheren Schwung durch die romantische Gegend."

Derselbe Schwung hält diese Wallfahrt durch die Jahrhunderte und auch heute noch aufrecht. Wer einmal mitgegangen ist, kommt gern wieder, solange es seine Kräfte zulassen.

Mit Musik übers Gebirge

Unter den Wallfahrern befanden sich immer Musikanten und Sänger, die die müden Wanderer bei den Rasten aufmunterten. Zitherspiel und Jodler begleiteten seit eh und je diese Wallfahrt und so war es nicht verwunderlich, daß zu Ende des 19. Jhts., als allenthalben Blasmusikkapellen entstanden, die Musikkapelle Alm die musikalische Umrahmung des Geschehens übernahm. Bis 1926 begleitete regelmäßig die Almer Musik die Pilger übers Gebirge.

In dieser Zeit wurde in St. Bartholomä nach dem Gottesdienst ein Vergleichsranggeln zwischen Pinzgauern und Bayern abgehalten, was manchmal in Raufereien ausartete. Derartige Zwischenfälle sowie Notzeiten, Grenzsperren und Krieg ließen in der folgenden Zeit den alten Brauch fast einschlafen. Aber einige wenige setzten das Althergebrachte fort. So Josef Herzog, bekannt als „Schusterseppei", der 1880 erstmals als

14jähriger mit dabei war. 65 mal wanderte er bis 1944, oftmals allein, übers Gebirg nach St. Bartholomä.

Nachweislich führte der Weg ursprünglich über die Buchauerscharte, denn die Durchsteigung der „Tauernwand" auf die Ramseiderscharte galt vor dem Wegbau (1876) nur für „gwappelte Schwärzer und Wilderer" als möglich. Nicht umsonst hieß dieser Aufstieg „Bärensteig" bzw. „Bärenstich", da er angeblich nur auf allen Vieren zu bewältigen war.

Leider gibt es keine Hinweise, ob die Kasereggkapelle und die auf alten Plänen eingezeichnete Kapelle auf der Buchauerscharte einen Bezug zur ursprünglichen Wallfahrt haben. Vielleicht waren auch das Kreuz auf der „Geigen" am Funtensee und der „feiste Hergott" unterhalb der Saugasse Stationen derselben. Heute beginnt die Wallfahrt mit einer eindrucksvollen Bergmesse am Riemannhaus.

Neuanfang nach dem 2. Weltkrieg

1951 nun, nachdem die Not der ersten Nachkriegszeit gebannt war, erinnerte man sich wieder der alten Bräuche und ging daran, Verbindung von hüben und drüben herzustellen. Hatten doch die politischen Verhältnisse der 30er Jahre und die Kriegszeit den persönlichen Kontakt mit dem Nachbarn jenseits der Grenze fast ganz zum Erliegen gebracht. Waren es bei

---

Abbildung Seite 16:
Das Votivbild aus der Kapelle von Almdorf zeigt die Ertrinkenden im freien Wasser angesichts des Kircherls von St. Bartholomä.

den Almern Hermann und Hans Schwaiger. die schon nach dem 1. Weltkrieg mit der Musik nach St. Bartholomä kamen und nun die führenden Positionen in der Kapelle bekleideten, war es in Königssee Kreisrat Sixtus Fuchslechner, ein gebürtiger Saalfeldner, die alles in die Wege leiteten und an die Tradition anknüpften. Das war damals nicht leicht, denn Besatzungsmächte gab's in beiden Ländern und die Grenze war keineswegs so offen wie heute.

Jedenfalls wagte die Almer Musikkapelle als eine unverfängliche Körperschaft, einen Aufruf, die alte Tradition des „Barthlmä-Gehens", wie es allgemein hieß und heute noch heißt, wieder aufleben zu lassen.

Die anfängliche Skepsis wandelte sich schon im Verlauf der ersten Wallfahrt in Begeisterung. Begeisterung an der Natur, denn die meisten Teilnehmer gingen den Weg Alm – St. Bartholomä zum erstenmal in ihrem Leben, Begeisterung über die eigene innere Freude im Kreise Gleichgesinnter und umgeben von Musik und Gesang. Begeisterung über den Empfang an und jenseits der Grenze. 25 Jahre Unterbrechung waren weggewischt und jeder dem andern ein alter Bekannter. Rührend war die Szene am Funtensee, als die alte Feldalm-Sennin „Burgl" ihre alten Bewunderer von früher wiedersieht.

Am Grenzstein

Eine lustige Begebenheit beim ersten Grenzübertritt: Alles ist gespannt. wie das vor sich geht, ob 'gefilzt' wird oder sonst was?

Um 1951 mit über 100 Leuten an einem nicht offiziellen Grenzübergang fremdes Staatsgebiet betreten zu dürfen, mußte man zuvor bei der Bezirkshauptmannschaft in Zell am See eine komplette Namensliste einreichen, beglaubigen und bewilligen lassen. Ein Unterfangen, das nicht gut ausgehen konnte, denn wer wußte schon lange zuvor, ob man mit von der Partie sein konnte.

An der Grenze ging es dann so vor sich: Bayerische Grenzpolizei und Zollbeamte jenseits des Grenzsteins am Baumgartl – herüben der Bürgermeister von Alm mit der ominösen Liste. Aufruf der Namen – Überschreiten der Grenze usw. Bei den Musikanten und ihren Angehörigen klappte alles noch ganz gut; aber bei den Mitgehern – viele waren im letzten Augenblick noch zu uns gestoßen – gings los. Johann Herzog! – Stille – erstaunte Blicke der Grenzpolizei – „Gustl, dös bist du"! Beim dritten mit neuem Namen versehenen Mitgeher lacht schon die ganze Runde, auch die Beamten der Grenzpolizei. „Generalabsolution" heißt

es nun und der Rest überschreitet unbeschadet und formlos die Grenze. Mit einem Marsch und einem Stamperl Schnaps von den Marketenderinnen wird den Grenzern dafür gedankt und der Grund für die Freundschaft mit den Beamten gelegt. Also gings dann von ländlichen Weisen begleitet zum Funtensee und keiner ließ sich das dumpfe Plätschern der „Teufelsmühle" entgehen, denn davon hatte jeder schon in seiner Kindheit gehört. Dann der Empfang vom Hüttenwirt Michl Graßl! Natürlich, den kannten einige, denn der ging ja auch im Pinzgau ins Gäu!

Vom Funtensee zum Königssee

Beeindruckend ist es für jeden, wenn er zum erstenmal die Saugasse betritt. Daß die Weisenbläser da nicht mehr zum Halten waren, versteht jeder und so mancher war froh auf eine kleine Rast im Saugaß-Loch. Vom „Heiratsstein" wußten die Alten zu berichten und vom „feisten Hergott" bei der „Tränz". Alles war neu und sehenswert für uns Jüngere. Daß es aber nach dem ersten Anblick des Sees fast noch eine Stunde dauern würde, bis wir den Grieß des Eisbaches erreichen sollten, wollten wir vorerst nicht glauben. Doch auch diese letzte, alles fordernde Strecke ging zu Ende und der See war erreicht.

Jeder entledigt sich seiner Schuhe – früher sollen hier sogar alle unbrauchbar gewordenen in den See geworfen worden sein – und watet in das eiskalte Wasser und siehe da – die Lebensgeister kehren zurück – man ist wieder der flotte Mensch, der vor 12 Stunden in Alm weggegangen ist. Ein Schnapserl vom Barthlmä-Wirt tut sein Übriges, um wieder voll da zu sein.

Seit einigen Jahren kommen die Königsseer Holzknechte nach alter Tradition herübergerudert und empfangen die Wallfahrer mit einem frischen Bier vom Faß zur Stärkung. Doch nicht lange hat man Zeit sich auszuruhen, denn nun werden die Honoratioren von Königssee begrüßt und mit einem Marsch geht es zum Kircherl von St. Bartholomä. Mit einem inbrünstigen „Großer Gott, wir loben Dich!" endet diese schon recht mühsame Wallfahrt.

Kirchweihfest in St. Bartholomä

Am Kirchweihsonntag (es ist immer der 24. August oder der auf den 24. August folgende Sonntag) nehmen die Berchtesgadner Weihnachtsschützen drüben

am Reitl Aufstellung und geben mit ihren Salven und Reihen den Auftakt zur Barthlmä-Kirchweih. Mit Musik gehts zum Festgottesdienst, zum Lobamt der Bergknappen und unter den Andächtigen finden wir die Almleute der Umgebung und die Holzknechte.

Nach dem Gottesdienst spielt die Almer Musik und Besucher aus nah und fern strömen zum Kirchweihfest. Aber richtige Kirchweihstimmung kommt erst auf, wenn die Musikanten aus Maria Gern zum Tanz aufspielen. Doch bald ist auch dieser Nachmittag um und für die Almer heißt es Abschied nehmen.

Ernst kommt auf, wenn die Abfahrt naht. Auch wenn sich Gerner und Almer Musikanten Weisen zuspielen, denkt jeder: „Barthlmä vorbei – wieder ein Jahr um!" und so mancher fragt sich, ob es nicht das letzte „Barthlmä" für ihn war.

So kommen die Wallfahrer zur Falkensteinwand, wo vor 300 Jahren so viele Pinzgauer ihr Leben lassen mußten. Während des Gebetes und Trauermarsches ist jeder in Gedanken beim damaligen Geschehen und fragt sich, wievielen wohl auch heute die Rettung nicht gelingen würde, wenn ...?

Der Kranz wird den beiden Schiffsleuten im Flachboot übergeben, die ihn als Gruß der Nachfahren neben das Gedenkkreuz an die Felswand hängen. Auf der Seelände heißt es dann Abschied nehmen von vielen alten und neuen Freunden.

Die Berchtesgadener kommen nach Alm

Aber nicht nur die Pinzgauer und mit ihnen die Almer sind übers Gebirg nach St. Bartholomä gezogen, sondern auch in Gegenrichtung kamen die Berchtesgadner alle vier Jahre zur „Muttergottes in der Alm" (Almb, Alben) zum Fest Maria Heimsuchung (2. Juli) und opferten hier eine große Wachskerze.

Weisbacher, Wallfahrtsbüchlein S. 47

(o) 47

1699.

Diß Jahr ist die Pfarr-Gemeinde von Berchtoldsgaden mit dem Creutz allhero kommen / ihr Andacht verrichtet / auch ein 10 pfündige Wax-Kertz / ein übersilbertes Rauch-Vaß und Schiffel / dann ein rothes Meß-Kleyd / und ein solches Fähnl geopfert

Dise Pfarr-Gemein kombt an Mariae Heimsuchungs-Fest / noch allezeit das vierte Jahr / und opfert ein grosse Wax-Kertz.

Diese Wallfahrt nach Maria Alm ist erst in den letzten 50 Jahren abgekommen, jedoch ließen die Bewohner von Schönau am Königssee sie 1988 wieder aufleben. In einem von bayrischen Sängern und Musikanten gestalteten Gottesdient übergab der Bürgermeister Stefan Kurz eine von der Gemeinde Schönau am Königssee gestiftete Wachskerze.

Der Ausgangsort Maria Alm

Wilhelm Schwaiger

Der erste sichere Beweis, daß Menschen unser Tal betreten haben, stammt aus der Bronzezeit. Im Jetzbachgraben (Westhang des Langecks) wurde Bergbau betrieben. Spuren von Schmelz- und Schlakkenplätzen sowie Kupferfunde weisen darauf hin. Sogar die Hälfte eines Gußmodels, zur Herstellung von Lanzenspitzen, Spornrad und Nadel konnte in diesem Gebiet sichergestellt werden. Weitere bedeutende Funde ergaben sich im Raum von Saalfelden.

In der jüngeren Eisenzeit besiedeln Kelten unser Land. Der Name unseres Hausberges: Natrun, ist keltischen Ursprungs (utrune = mit Eichen bewachsener Berg).

Zur Römerzeit besteht ein Saumweg über den Jufen (jugum = Joch). Dieser Weg erreicht teilweise Straßenbreite, was in Schinking aufgefundene Steinplatten mit Spurrinnen beweisen.

Im 6. Jahrhundert besiedeln Bajuwaren unser Gebiet. Aber auch unser Tal mußte um 800 schon soweit gerodet worden sein, daß hier Adelige, Klöster, Kirchen und der Landesherr Schwaigen, das sind reine Viehzuchtbetriebe, errichten konnten.

Der Ortsname Alm geht auf den Flußnamen Alm (Alba, Albm, Albenwasser = Weißfluß) zurück. Tatsächlich fließen Grieß- und Krallerbach, eben früher die „Alm", zeitweise milchigweiß.

Der Hauptfluß unseres Tales, die Urschlau, erhielt ihren Namen möglicherweise von Ursus = Bär, oder der Familie der Perner, die sich „Ursi in Pinzgowe" nannten und Besitzungen im hinteren Urschlautal hatten. Tatsächlich gibt es in unserem Tal viele Flurnamen, die auf das Vorkommen von Bären hinweisen (Bärnbach, Bärgang, Perwang, Bärpoint usw.)

„Die Urschlau" ist nicht nur der Bach, sondern bezeichnet das ganze Gebiet von Saalfelden bis zum Hochkönig.

Um 1160 werden zum erstenmal die „Herren von Almb" erwähnt, einer Seitenlinie derer „von Laufen und Trübenach". Diese Herren von Almb, die ihren Sitz auf Burgstall am Schattberg hatten, übten hier die Gerichtsbarkeit aus. Heute steht anstelle der Burg ein Bauernhaus, und nur die Kelleranlagen lassen den ehemaligen Herrensitz erkennen.

Die Herren von Alm, durch 400 Jahre ein berühmtes Rittergeschlecht, treten ab 1240 an die Spitze des Salzburger Adels. Am Hofe des Erzbischofs haben sie das Amt des Erbtruchsessen inne (entspricht dem eines Ministerpräsidenten) und 1509 ist ein Almer Mundschenk am Hofe Maximilians I. und Eustachius, Hofmarschall und Vertreter Salzburgs auf den Reichstagen von Worms und Speyer.

An die Herren von Alm erinnern nur mehr zwei Grabsteine in unserer Kirche, welche 1374 zum erstenmal erwähnt wird und um 1400 im gotischen Stil mit Netzgewölben, heute nur mehr vor dem Haupteingang erhalten, ausgebaut wird. Zur Aufbringung der Kosten für diesen Ausbau wurde von Papst Martin V. ein eigener Ablaß für Alm gestiftet. Um 1730 wurde das Innere der Kirche barockisiert und der Turm auf 75 m erhöht. Der Hochaltar stammt von einem Almer Tischler (Veit Häusl). Die Figuren schnitzte Daniel Mayer aus Gerling und die Deckenfresken stammen von Christoph Mayr aus Schwaz.

Die Kirche war früher das Ziel vieler Wallfahrten und bis zum Ersten Weltkrieg konnte man alljährlich bis zu 10 000 Pilger zählen. Diesem Umstand war es zu verdanken, daß die Kirche zu den reichsten des Landes zählte. Heute sind es vornehmlich Brautpaare, jährlich etwa 100 an der Zahl, die von weit und breit hieher kommen, denn die hier geschlossenen Ehen stehen bekanntlich unter einem Glücksstern.

Das Dorf Alm wird erstmals 1280 erwähnt und anno 1374 besteht es aus einer Kirche und vier Häusern, darunter die „Tafern in der Almb", dem heutigen Gasthof Almerwirt. Bedeutung hat in dieser Zeit der Saumhandel mit Salz und Wein. Der Hofname „Weinsamerlehen", heute Forsthof, erinnert daran. Schwer zu leiden hatte das Dorf unter den wiederholten Überschwemmungen des Grießbaches. So wurde 1540 der halbe Friedhof und fast alle Häuser ein Opfer des Hochwassers. Bei der Verlegung der Ortskanalisation finden sich 1986 in 3 m Tiefe am Rand des Dorfplatzes zwei riesige Mühlsteine, die sicher von dieser Katastrophe stammen.

Um 1400 werden die Schwaigen in Lehen der verschiedenen Grundherrschaften umgewandelt und nur ein einziger Hof, der Kronreiter, ist Freibauer. Die Leibeigenschaft war es wohl auch, die die Urschlauer Bauern veranlaßte, am Bauernaufstand 1645 teilzunehmen. Im Zuge dieses Kampfes wurde auch der Herrensitz Burgstall eingeäschert und nicht wieder aufgebaut.

Das Land kommt nicht mehr zur Ruhe und als Protest gegen die herrschenden Zustände tritt ein großer Teil der Almer zum Lutherischen Glauben über. Im Jahre 1732 müssen dann zusammen mit 20 000 Salzburger Protestanten auch über 200 Almer ihre Heimat verlassen und siedeln sich in Ostpreußen, dem Rheinland

und Holland an. Diese Auswanderung von rund einem Viertel der Bevölkerung war der größte Aderlaß, den Alm je zu überstehen hatte. Wohl wurden die Lücken durch Zuwanderung, vor allem aus dem Tirolerischen bald geschlossen, aber ein Bruch in der Entwicklung konnte nur schwer überwunden werden.

Während der Napoleonischen Kriegszeit konnte eine Zahlung von 200 000 Gulden Kriegskontribution, die hauptsächlich von der Kirche geleistet wurde, eine Besetzung verhindern.

Das Ende des 19. Jahrhunderts brachte auch in unserer Gemeinde, bedingt durch die wirtschaftliche Not, ein großes Sterben der Bauernhöfe mit sich. 30 Höfe verloren damals ihre Selbständigkeit und wurden teils Almen, Zulehen oder bestehenden Lehen eingegliedert.

Das 20. Jahrhundert mit den beiden Weltkriegen und den Zeiten wirtschaftlicher Krisen, bringt der Gemeinde Alm, deren Bürger neben dem üblichen Kleingewerbe nur in der Land- und Forstwirtschaft Arbeit finden, keinen Aufschwung. So z. B. wird im Zeitraum 1920 bis 1937 kein einziges Haus gebaut! Wohl kommt in den 30er Jahren ein bescheidener Sommerfremdenverkehr in Schwung, sind es die ersten Nachkriegsjahre, die einen Aufstieg bringen. Durch die Errichtung von Schiliften kann eine zweite Saison angekurbelt werden.

Heute steht Maria Alm mit seinen 6000 Fremdenbetten und 720 000 Übernachtungen im Jahr im Spitzenfeld der Salzburger Fremdenverkehrsorte.

Maria Alm hat eine Ausdehnung von 125 km^2 und zur Zeit 1975 Einwohner.

Der Wallfahrtsweg

Wilhelm Schwaiger

Wenn wir heute auf gut gesicherten Steigen das Steinerne Meer überqueren, wird sich so mancher bei einigen Stellen fragen, wie haben das wohl die Wanderer früherer Zeit bewältigt?

Wir wissen, daß das Hochgebirge dem Menschen immer schon gewaltigen Respekt eingeflößt hat und nur derjenige sich in die unwirtlichen Höhen wagte, der dazu einen triftigen Grund hatte. Die Jagd (Wilderei!) und die Betreuung der Haustiere, die sommers über die kargen Grünflächen da oben beweiden, zählen dazu; aber auch nicht zu vergessen die Kürze des Weges in das jenseitige Tal.

So ist es nicht verwunderlich, daß waghalsige Hirten, Jäger und Schmuggler die bestmöglichen Übergänge und Wegverläufe auskundschaften, um mit dem Nachbarn „enters Birg" – dem „Übersberger" – in Verbindung zu treten.

Der alte Weg

Für die Pinzgauer auf der Südseite des Steinernen Meeres kommt in erster Linie nur die Buchauer- und Weißbachlscharte zur Besteigung in Frage, denn hier reichen ja die Almen bis knapp unter die Paßhöhe und sind zudem leicht zu überschreiten. Die Ramseider Scharte mit ihrer abweisenden „Tauernwand" bleibt nur kühnen Schmugglern und Wilderern über den „Bärenstieg", der nur „auf allen Vieren" zu bewältigen ist, vorbehalten.

Somit bietet sich die Buchauerscharte über dem Krallerwinkl in Alm als beste Lösung an, denn nach dem Aderlaß, den die Bevölkerung in der Pestzeit erlitten hat, ist man bestrebt, auf möglichst ungefährlichem Wege das Gelöbnis der Wallfahrt zur Muttergottes am Dürrnberg einzulösen.

Am Kaseregg, weit über dem letzten Bauernhof, steht neben einer herrlichen Quelle seit alters her eine kleine gemauerte Kapelle mit einer Madonnenstatue aus bäuerlicher Hand. Diese „Kaseregg Muttergottes" gilt auch heute noch als ein bevorzugtes Wallfahrtsziel der Einheimischen. Von den vielen Gebetserhörungen zeugen die vorhandenen Votivtafeln.

Einen passenderen Ausgangspunkt für die Wallfahrt wird man schwerlich finden.

Im Anstieg zur Buchauerscharte gelangt man nach einer Wegstunde in ein weites Kar, in dem sich die

Abbildung: Kasereggkapelle

Almhütten der Kraller- und Enterwinklbauern ducken – die Wettersteingrube.

Heute ist dieses Gebiet allgemein als „Freithofalm" bekannt, sollten doch, so erzählt die Überlieferung, einmal alle Bewohner dieser Hütten an einer Seuche zugrunde gegangen sein. Der darüber liegende Wetterstein änderte dadurch seinen Namen auf „Freithofzinckh". Ebenso wurde der Große Schrofen zum „Zügenstein" (vgl. Zügenglöcklein). Diese alten Namen sind heute vielfach vergessen und seit der Einführung von Spezialkarten für dieses Gebiet ist der bayrische Name „Schönfeldspitze" (Wetterstain = Freithofzinckh = Hochzink = Schönfeldspitze) Allgemeingut. Die Almhütten in der Wettersteingrube sind heute fast alle verschwunden, denn die Bauern konnten sich in den letzten Jahrhunderten ertragreichere in den Schieferbergen sichern. Nach weiteren eineinhalb Wegstunden – vorbei am „Zehnerstein", der das ganze Jahr über ziemlich genau um 10 Uhr aus dem Schatten tritt – ist die Buchauerscharte erreicht. Ein Grund zur Andacht und Freude, waren doch damit die ärgsten Strapazen des Aufstieges überwunden. Dankbare Wanderer

Abbildung: Eine alte Karte zeigt hier die kleine Kapelle auf der Buchauerscharte. Ausschnitt SLA Kartensammlung.

hatten hier eine kleine Kapelle errichtet; 1830, anläßlich der Ersteigung der Schönfeldspitze durch Erzbischof Fürst Friedrich Schwarzenberg und P. C. Thurwieser, steht diese Kapelle noch – heute fehlt jede Spur von ihr.

Vorbei am „Krautsoin", einer großen, krautfaßähnlichen Vertiefung im Gestein, geht es hinunter in das „Schartengruberach", einem kargen und nur ganz wenig begrüntem Gebiet, zur Einsenkung zwischen Schönfeldspitze und Brandenberg. Der Brandenberg hieß im 17. Jhd. noch „Lohrerschneid" (mhd. loh = Wald) und Kartenskizzen aus dieser Zeit zeigen vielfach einen Bewuchs mit Zirben. Ein Waldbrand hat diesen Bestand im 18. Jhd. vernichtet. Aber noch um 1890 werden im Frühsommer verkohlte Baumstrünke zur Aufbesserung der Brennholzvorräte über den harten Schnee zum Riemannhaus gezogen.

Weiter geht es über einen annehmbaren Steig zur Schönfeldalm, von der heute nur mehr die Mauerreste zeugen. Als Robert Keil 1860 das Steinerne Meer überquert, findet er diese Alm noch bestoßen vor; armselig zwar und sicherlich nur für kurze Zeit.

Von der Baumgartlhöhe steigt man über Platten und Schuttrinnen hinunter in das üppige Almrosengestrüpp des Oberen Baumgartls. Dieser Teppich blühender Almblumen veranlaßt auch heute noch Imker aus Maria Alm und Saalfelden ihre Stöcke auf beschwerlichem Wege hieher zu tragen und aufzustellen. In den Felsnischen der „Imbnwände" am Ostfuß des Viehkogels stehen sie geschützt und können, gutes Trachtwetter vorausgesetzt, nach einem Monat dreimal so schwer mit Honig gefüllt abgeholt werden.

Ein kurzes Steilstück noch, und man erreicht das Untere Baumgartl. Hier überschreitet man (seit 1818) die Landesgrenze. Ihr Verlauf war in diesem Gebiet in früheren Zeiten sehr strittig und alte Karten zeigen sie einmal unten am Funtensee, ein andermal will Bayern sie oben an der Wasserscheide haben: „...über die Höch der Perig, wie das Wasser rinnet und der Stein walget!"

Waren es oben nur vereinzelte Zirbenbäume, die den Weg begleiten, so umgibt nun ein schöner, alter Zirben- und Lärchenbestand die Wanderer. Viehkogel und Schottmalhorn grüßen auf die Pilger herab und das Plätschern des Stuhlgrabens beflügelt die Wanderer. Ist es doch das erste Wasser seit dem Wasserboden der Freithofalm, denn die Quelle auf der Schönfeldalm ist seit dem Waldbrand auf der Lohrerschneid (Brandenberg) versiegt, was auch zur Aufgabe dieser Alm führte, denn der stundenlange Weg zur nächsten Quelle am „Toten Weib" war auf die Dauer nicht tragbar.

Durch die Bäume leuchtet das grüne Wasser des Funtensees herauf und die sieben Almhütten an seinem Ufer strömen Ruhe und Frieden aus. Hier empfängt den Pilger ein Pfeifkonzert der Manggei (Murmeltiere), die neugierig ob der Störung aus dem Bau lugen, um dann blitzschnell wieder darin zu verschwinden. Sennerinnen begrüßen die Ankömmlinge und von der Feldalm herab stoßen wieder ein paar Burschen zu den Wanderern; diese hatten sich oben im „Schartengruberach" auf die Seite geschlagen und den Weg zum „Toten Weib" genommen, um auf der „Breteben" dem Grießbachschafler einen Besuch abzustatten und die neuesten Informationen über den Wildeinstand zu bekommen, denn der Schafler war dank seines Amtes ein stiller Beobachter im fremden Revier. Auch bei den legendär hübschen Sennerinnen der Feldalm schaute man vorbei, war man doch manchmal auf das Wohlwollen derselben bei den widerrechtlichen Jagdausflügen in diesem Gebiet angewiesen.

Alles atmet auf, hat man doch die unwirtlichen Höhen nun verlassen und die Glocken des Weideviehs stimmen die Pilger freudig. Am Fuße des Glunkerers erregt das Tosen der „Teufelsmühle" Schauder, sieht man doch vielleicht in Gedanken den verkleideten Satan, der sich die Seele des unglücklichen Jägers holt. Die Sage von der Teufelsmühle am Funtensee ist ja auch im Pinzgau allgemein bekannt.

Oben auf der „Geign" – die letzte Rast, bis es endgültig nur mehr bergab geht. Ein paar Saalfeldner, juchzend von der Steilstufe der „Alten März" herunterkommend, stoßen noch zum Gros der Pilger. Die Marzoner- und Bachwinklbauern haben noch die Hirten auf der Weißbachl- und Hollermaisalm besucht und auf dem Weg über die Weißbachl- und Grünscharte mit ihren Bilderstöcken auch das Schafbirg am Panzenberg, der Gudn und dem Äul kontrolliert und beim Schafler unten in Schönbichl nachgeschaut, ob es wieder einmal notwendig ist, zwischen ihm und den bayrischen Almleuten zu schlichten, denn die Schneeflucht für seine Schafe hinunter auf die „Saalfeldner Au" in der Nähe der Geigen ist zwar uraltes Gewohnheitsrecht der Pinzgauer, wird aber von den Almerern nicht gern geduldet, brauchen sie doch bei Wetterstürzen selbst dringend das Futter für ihr Vieh.

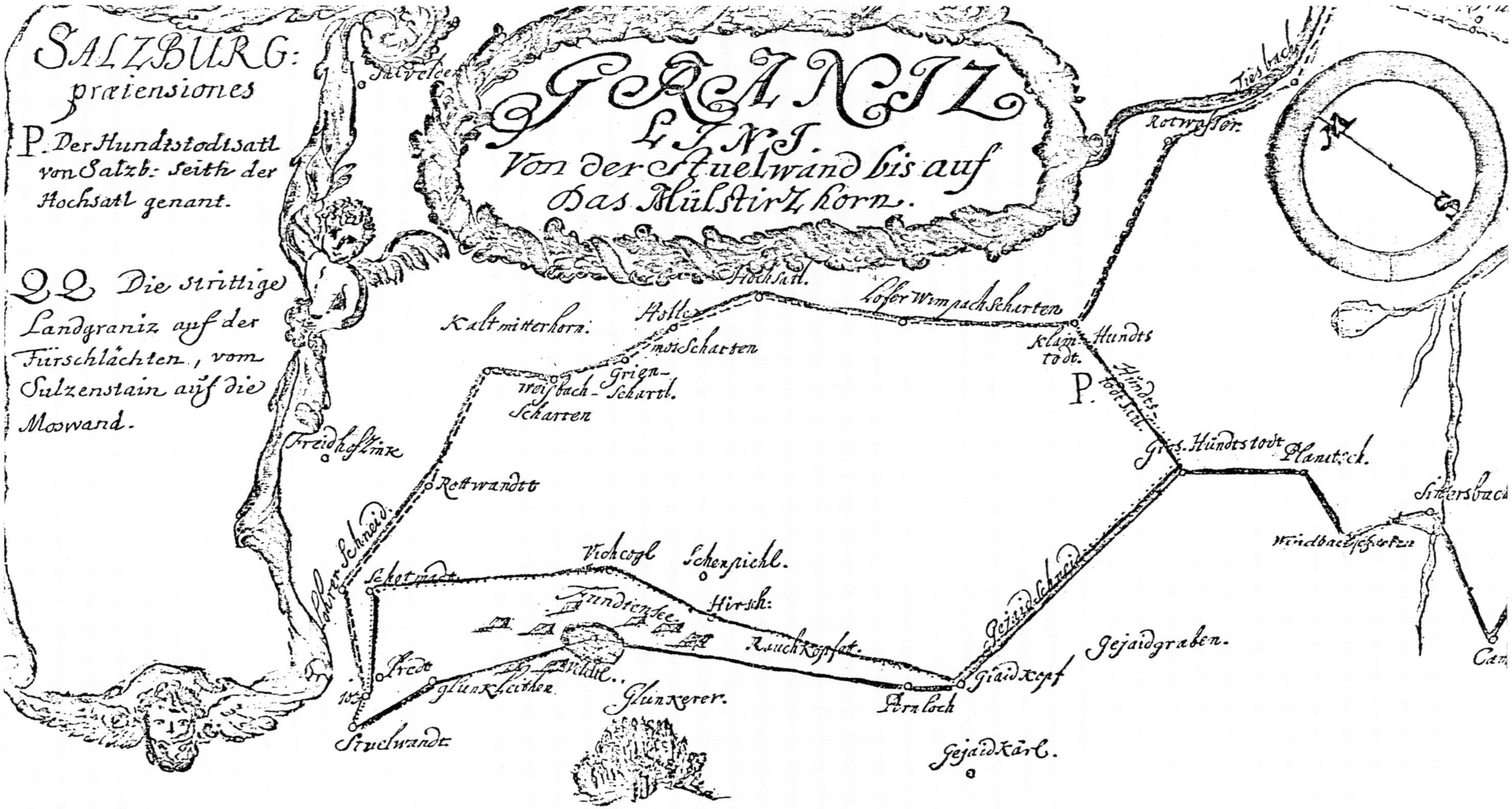

Abbildung: Die strittige Landesgräniz auf der Fürschlächten. Ausschnitt SLA Kartensammlung.

Hier beim Kreuz auf der Geigen sind nun alle beisammen: Die Almer, die Saalfeldner und jene aus den Gerichtsbezirken Zell und Taxenbach, die die Wallfahrt übers Gebirg mitmachen.

Noch ein kurzer Anstieg über die „Staben", dann gehts hinab über die steile „Himmelstiagn" zum „Zaunholzegg", vorbei am „Betstein" mit seinem Bildnis zur Oberlahneralm. Gamskarlspitz, Gjaidkopf und Simetsberg umschließen diese üppige Insel, aber immer näher rücken die himmelhohen Wände zusammen, bis nur mehr ein enger Schluf in die berüchtigte „Saugasse" mit ihren 77 Kehren mündet.

Beklemmend wirkt für viele diese steile Schlucht, in die kaum jemals ein Sonnenstrahl dringt, aber jeden Laut in vielfachem Echo zurück wirft. Flott geht es dahin, nur der enge Durchlaß bei der „Saugaß-Mauer" stoppt den Marsch der Pilgerreihe. Hier haben die Fürstpröbste von Berchtesgaden, gleich wie der Erzbischof von Salzburg an der Mauerscharte ins Blühnbachtal, eine Mauer errichten lassen, die dem Wild wohl das Einspringen ins Jagdrevier, nicht aber das Ausziehen aus demselben gestatten sollte. Weiter unten, beim „Heiratsstein", einem kleinen Felsfenster oberhalb des Steiges, verharrt das ledige Volk – kann man doch hier einen Blick in die Zukunft werfen. Bleibt nämlich der geworfene Stein im Fenster liegen, ist mit der Hochzeit bis zum nächsten Bartholomä-Gehen zu rechnen.

Beim „feisten Herrgott" bei der „Tränz" am Ende der Saugasse sammelt man sich und vorbei an der Unterlahneralm, dem Mausalpegg und der Hachelklause geht's zur Schrainbachalm. Bald danach muß man sich entscheiden den harmlosen Viehtriebsteig über den „Neiger" zur Saletalm zu nehmen, um dann entweder mit dem Boot oder dem nicht ungefährlichen und langen Weg am Ostufer des See's nach Königssee zu gelangen, oder aber über das ausgesetzte „Schmalzsteigl", das schon manche Opfer gefordert hat, zum Grieß des Eisbaches und somit nach St. Bartholomä zu gehen.

Hier, nach zwölfstündigem Weg, entledigt man sich der Schuhe, watet ins eiskalte Wasser des Sees und kommt erfrischt wieder ans Ufer. Die Schuhe, die durch den langen Marsch allzusehr in Mitleidenschaft gezogen wurden, werden im tiefen See versenkt, denn fürsorglicherweise hat man ein zweites Paar im Rucksack mit. Müde, aber froh über die überstandenen Mühen, dankt man dem hl. Bartholomäus im Kircherl.

St. Bartholomä war die notwendige Raststätte nach dem anstrengenden Tagesmarsch übers Gebirge. Es stand ja noch die ungewohnte Seefahrt bevor, ehe man nach einem weiteren Tag das Ziel, die „Kirche unserer lieben Frau am Dürrnberg", erreichte. Je länger die Pestzeit mit ihrem Gelübte zurück lag, desto mehr trat die Wallfahrt nach Dürrnberg in den Hintergrund. Vor allem das Unglück von 1688 bewirkte, daß man das unsichere Element, das Wasser, mied.

Die Kirchweih zu St. Bartholomä (24. August) wurde immer mehr auch für die Pinzgauer zum Anziehungspunkt; konnte man doch dabei zum Teil dem alten Gelübte entsprechen und der toten Vorfahren gedenken sowie dem Patron der Almleute Reverenz erweisen. Nicht umsonst schreibt Michael Vierthaler 1816 in „Meine Wanderungen durch Salzburg, Berchtsgaden und Österreich": „Dennoch findet man an einem Tag des Jahres, am Feste des Apostels, dem die Kirche geweiht ist, das einsame Eiland ganz mit Menschen bedeckt. Sie kommen größtentheils aus Pinzgau, über Tauern und Alpen herab, aus Klüften und Schlünden heraus, wo selbst Thiere nicht ohne Gefahr wandeln können. Ihr religiöses Gefühl erhält einen höheren Schwung durch die romantische Gegend."

Dieser Schwung hält auch heute noch das Bartholomä-Gehen aufrecht und wer einmal mitgegangen ist, kommt wieder, solange es seine Kräfte zulassen.

Der heutige Weg

Wie schon anfangs erwähnt war der kürzeste Weg zum Königssee, nämlich der über die Ramseider Scharte durch den „Bärenstieg", der allgemein als „böser" Steig galt, dem weniger geübten Bergwanderer und zu denen mußte man sicherlich den Großteil der Dürrnberg- und Bartholomä-Pilger zählen, verwehrt.

1875–1878 wird durch die DÖAV Sektion Pinzgau der lang gehegte Wunsch Wirklichkeit: Die Ramseider Scharte erhält einen gut ausgebauten Steig. Dieser, „Ramseidersteig" genannt, führt von der Bürgerau in Saalfelden durch den Kaltenbach zum Fürstenbrunn, der Sandt'n, über den Schafliedl zur Tauernwand. Italienische Steinarbeiter, die nach der Fertigstellung der Gisela-Bahn (Salzburg – Innbruck) frei geworden waren, haben sie für jeden gangbar gemacht. Von Alm aus bedarf es nur geringer Mühe, eine Verbindung durch die Stabler Au bis hin zum Ramseidersteig auf der Schinkinger Hochkendl (Bilgerirast) zu schaffen. Nach Fertigstellung des Steiges kann man an den Bau eines Unterkunftshauses auf der Ramseider Scharte schreiten. Zu Ehren des Mannes, der maßgeblich an der Verwirklichung dieses Vorhabens beteiligt war, erhält es den Namen RIEMANNHAUS.

Wer heute das Steinerne Meer besteigt, wählt fast immer den Ramseidersteig, denn kein anderer bietet ein so eindruckvolles Ersteigen des Gebirges. So auch beim Bartholomä-Gehen, außerdem stillt das gastliche Riemannhaus alle Bedürfnisse der Wallfahrer. Die Wallfahrt beginnt am Riemannhaus mit einer Bergmesse, dann überquert man auf gutem Steig das Steinerne Meer und gelangt unterhalb der Baumgartlhöhe zum alten Steig von der Buchauerscharte.

Auf der Funtenseealm begrüßt der Bürgermeister von Schönau am Königssee die Wallfahrer und der sie begleitende Bürgermeister von Maria Alm ersucht um

Abbildung: „Gegend beÿ Fundensee", 2. Hälfte 17. Jht., Hauptstaatsarchiv München, PS 8757.

formlosen Grenzübertritt. Die Grenzer, inzwischen altbekannt und Freunde, gewähren Einlaß nach Bayern.

Beim Almsegen danken alle dem Herrgott, daß sie die Schönheit der Natur miterleben durften.

Nach kurzer Rast am Kärlingerhaus bricht man zur letzten Etappe Richtung St. Bartholomä auf. Auch der Abstieg vom Funtensee zum Königssee wurde durch die AV Sektion Berchtesgaden sehr gut ausgebaut und das „Schmalzsteigl" wich dem jeden Wanderer gerechten „Hochstieg", der heute sogar von einem wendigen Transportgerät befahren werden kann, der die Funtensee-Mulis abgelöst hat.

Der gute Weg erlaubt ein flottes Wandern und die Saugasse beeindruckt auch heute noch alle.

Eine letzte Anstrengung erfordert der Schlußteil der Wallfahrt. Man hat den See vor Augen, muß aber noch fast eine Stunde durchhalten, bis man sein Ziel erreicht hat.

Der Zielort St. Bartholomä

Walter Brugger

Nachweislich seit 1376 wallfahrtete die Pfarrei Saalfelden zur Mutterkirche nach Salzburg, um dort die Gräber des hl. Rupert, des hl. Virgil und der hl. Erentrudis in St. Peter und auf dem Nonnberg zu besuchen. Ob dabei die Wallfahrer aus dem Pinzgau von Anfang an den Weg über das Steinerne Meer nahmen oder doch den zwar etwas leichteren, aber um vieles längeren, über den Hirschbichl wählten, muß offen bleiben. Diese Wallfahrt vollzog sich am Pfingstmontag. Bei einer Wegstrecke von 17 Stunden und der nachgewiesenen Ankunft in St. Peter am Pfingstmontag-Nachmittag um 16.00 Uhr, mußten sich die Saalfeldner auf jeden Fall schon am Pfingstsonntag nach dem Hochamt „auf die Socken machen", um rechtzeitig nach Salzburg zu kommen. Für das Jahr 1514 ist die Kreuztracht aus Saalfelden auch für Nonnberg urkundlich belegt.[1] Mit dem Aufkommen der Marienwallfahrt auf dem Dürrnberg im späten Mittelalter, muß sich der Schwerpunkt der Saalfeldner und Almer Wallfahrt mehr und mehr zum Marienbild dorthin verlagert haben, obwohl auch noch 1685 und 1720 die Anwesenheit des Pinzgauer Kreuzvolkes in Salzburg nachweisbar ist. Wahrscheinlich zog man nach dem Dürrnberg noch zur Mutterkirche, vielleicht sogar auf dem Wasser der Salzach. Wie dem auch sei. Zum Dürrnberg war auf jeden Fall der kürzere Weg über das Steinerne Meer nach St. Bartholomä, mit Flößen oder Schiffen über den Königssee nach Berchtesgaden und über die Oberau zum Dürrnberger Gnadenbild. Die Votivkerze dahin stifteten die Saalfeldner und Almer immer gemeinsam und erneuerten sie, wenn sie nach sieben oder zehn Jahren abgebrannt war.

Diese mühselige Wallfahrt verwundert deshalb umso mehr, weil ja auch Maria Alm seit dem späten Mittelalter mehr und mehr zu einem bekannten und viel besuchten Gnadenort der Muttergottes sich entwickelte. Aber wir wissen ja auch um das Gelübde aus der Pestzeit und die damit eingegangene Verpflichtung, die es einzulösen und durchzuhalten galt. Nach dem großen Unglück von 1688 scheint sich freilich der bisherige „Durchgangsort" St. Bartholomä zum Hauptzielort der Wallfahrt entwickelt zu haben, obwohl in dieser Frage noch genauere Untersuchungen und Erkenntnisse ausstehen, denn es ist kaum anzunehmen, daß man nach Gottesdienst und Regenerierung wieder den beschwerlichen Weg zurück über das Gebirge antrat. Überhaupt wissen wir über den Rückweg der Pinzgauer Wallfahrer noch sehr wenig und wären diesbezüglich für gezielte weiterführenden Forschungen und Erhebungen sehr dankbar.

Warum die Augustinerchorherren nach der Gründung ihres Klosters in Berchtesgaden Anfang des 12. Jahrhunderts ausgerechnet auf einer gottverlassenen Halbinsel des Königssees nach 1130 eine Kirche erbauten ist schwer zu erklären. Unmittelbare seelsorgliche Bedürfnisse für die noch sehr wenig errichteten Almen und deren Senner bestanden kaum. Was war dann dafür der Grund? Hier kann uns nur die Sage weiterhelfen, die ja häufig Vorgänge der Vergangenheit verschlüsselt weitergibt, deren Kern es aufzuspüren gilt. So berichten zwei Sagen von den Untersberger Männlein, die nächtlicherweise zur Kirche nach St. Bartholomä oder auch zur Kapelle St. Johann und Paul kamen, um dort Gottesdienst zu halten. Dabei erstrahlt jeweils die Kirche in hellem Licht. Nachher verschwinden sie wieder schnell und heimlich wie sie gekommen waren und ziehen sich durch einen unterirdischen Gang in den Untersberg zurück.[2] Die Christianisierung der kelto-romanischen Restbevölkerung im Salzburger Land, war ein Werk von Jahrhunderten. Erst recht drang der neue Glaube sehr mühsam in die abgelegenen Bergtäler und damit auch in den Berchtesgadener Kessel, in dem die Jäger, Fischer und Bauern zäh an den althergebrachten Kultübungen festhielten, darunter vorherrschend die bekannten Baum- und Quellkulte. Bei der heutigen Kapelle Johannes und Paul muß sich auch ein solcher jahrhunderte alter Quellkult befunden haben, sprach man doch fast bis in unsere Zeit vom „Heilwasser" an dieser Stelle. Die noch nicht oder vielleicht auch schon getauften damaligen Bewohner des Talkessels haben wohl weiterhin, aber heimlich und nächtlicherweise, ihre hl. Quelle aufgesucht und dort Kulthandlungen vorgenommen. Was haben denn sonst die Untersberger Männlein ausgerechnet am Watzmann verloren? Um diesen heidnischen Gebräuchen entgegenzuwirken, entschloß man sich im Kloster zu Berchtesgaden zum Gegenstoß. Man baute eine Kirche und gab ihr das höchste Patrozinium, das zur Verfügung stand, nämlich die Allerheiligste Dreifaltigkeit und die Mutter Gottes. Damit kam man einer Missionsform nach, die bereits Jahrhunderte in Übung war und längst beste Frucht gezeigt hatte. Papst Gregor I. († 604) hatte an Bischof Augustin von Kent in England seinerzeit die Weisung ausgegeben, „des Volkes heidnische Kultstätten nicht zu zerstören, sondern an diesen altvertrauten Orten die christlichen

1) Salzburgs Wallfahrten in Kult und Brauch, Salzburg, Katalog 1986, S. 30ff.

2) Toni Eichelmann, Berchtesgadener Sagen, Berchtesgaden 1974, S. 16f. Gisela Schinzel-Penth, Sagen und Legenden um das Berchtesgadener Land, Frieding, 2. Auflage 1982, 117ff.

Gotteshäuser zu erbauen."[3] Am 25. August 1134 weihte Bischof Roman von Gurk die „Basilika im Königssee", sicher in Anwesenheit des ersten Propstes Eberwin und seines Konventes, vielleicht war auch der Mitbegründer des Stiftes, der Halbbruder Berengars v. Sulzbach, Kuno v. Horburg anwesend, nach dem der heutige Königssee ursprünglich benannt wurde, nämlich See des Chuno.[4]

Fast 400 Jahre hören wir nichts mehr von der „Basilica Chunigesse", erst mit einem Ablaßbrief, den 18 römische Kardinäle am 21. Juli 1522 für die „Kapelle des hl. Bartholomä über dem Königssee zugehörig der Pfarrkirche des Klosters St. Peter in Berchtesgaden" ausstellen, tritt die 1134 geweihte Kirche in historisch faßbares Licht. Irgendwann, den neuen Zeitpunkt kennen wir nicht, löst der Patron für die Hirten und Senner die hl. Dreifaltigkeit und Maria als Patrozinium ab. Ablaßbriefe in dieser Zeit waren fast regelmäßig in Zusammenhang mit Um- oder Neubauten von Kirchen oder Kapellen oder deren (neue) Einrichtung ausgestellt. Alte Aufnahmen und Reste der spätgotischen Einrichtung lassen darauf schließen, daß man um 1520 die Einrichtung erneuert und vielleicht erst jetzt den Turm an das romanische Langhaus angebaut hat. Das bekannte Votivbild von 1691 im Zusammenhang mit dem Unglück von 1688 zeigt im wesentlichen den Bau des 12. mit den Veränderungen des 16. Jahrhunderts.[5] Um 1690 bezeichnet das Stiftskapitel von Berchtesgaden die „Bärthlmee Khärch fast ainem Götzentempel gleich und also khlein, daß man jedesmahls under freyem himmel und bey regens-Zeit auf dem da=selbstigen Heuboden hat Prödigen (= predigen) miessen." Das führte dann auch zur entscheidenden Erweiterung um 1695 mit dem barocken Dreikonchenbau nach Osten, dem Anfang des 18. Jahrhunderts der ovale Verbindungsbau zum danebenliegenden Jagdschloß folgte und so die heutige Form erhielt. Die zwei kleinen Rund- bzw. achteckigen Türmchen lassen deutlich genug die verschiedenen Bauphasen der beiden Erweiterungsbauten erkennen, während der Mittelbau – bei Renovierungsmaßnahmen des Landbauamtes 1978 klar nachgewiesen – aus dem 12. Jahrhundert stammt.

Der Hochaltar stammt aus der Zeit des Erweiterungsbaues (1698) und zeigt das Martyrium des Kirchenpatrons, im Auszug die Krönung Mariens durch die Dreifaltigkeit, ebenso wie in St. Johann und Paul vielleicht noch eine Erinnerung an das ursprüngliche Patrozinium von 1134. Die Seitenaltäre von 1670 (südl.) bzw. 1672 (nördl.) wurden von Berchtesgadener Bürgern für die alte Kirche gestiftet und in den Neubau von 1695 übernommen. Ihre Altarbilder wurden 1746 durch neue von Philipp Nickl ersetzt, sie stellen den hl. Jakobus und die hl. Katharina dar, zu deren Festen (25. Juli bzw. 25. November) früher regelmäßig Kreuzgänge – hauptsächlich von Berchtesgaden – nach St. Bartholomä stattfanden. Die übrige Einrichtung, Kanzel und gegenüberliegendes Fürstenoratorium, wie das zum Schloß hin mit einem eigenen Eingang verbundene Konventoratorium für die Augustiner Chorherren, stammt vom Anfang des 18. Jahrhunderts. Für die Stuckierung sorgte der Salzburger Joseph Schmidt, der um diese Zeit auch in Maria Gern und in der Sakristei der Stiftskirche tätig war und bekam dafür 230 Gulden (1709). Nachdem im 19. Jahrhundert die Baulast für St. Bartholomä die damals zuständige Pfarrei St. Andreas immer mehr überforderte und bereits König Ludwig II. einen ordentlichen Beitrag zur Neueindeckung der Dächer mit Scharschindeln geleistet hatte, entschloß man sich im Jahre 1903 – wiederum vor einer großen Renovierung stehend – die Kirche an Prinzregent Luitpold zu übergeben, da ohnehin seit 1810 die Wittelsbacher im Besitz des angrenzenden Jagdschlosses waren und Luitpold als begeisterter Jäger sich am meisten von allen bayerischen Regenten im Berchtesgadener Land aufhielt. Nach 1918 ging Kirche und Schloß in den Besitz des bayerischen Staates über und wird jetzt von der bayerischen Schlösser- und Seenverwaltung betreut und vom zuständigen Landbauamt Traunstein in Stand gehalten. Kirchlich gehört St. Bartholomä seit der kanonischen Errichtung der Pfarrei Unterstein am 15. Januar 1945 zu dieser Pfarrgemeinde.

Wallfahrt ist nach einem Wort von W. Nitschke eine „Reise zu einer heiligen Stätte, wobei der Besuch des betreffenden Heiligtums mit der Reise zusammen eine kultische Handlung bildet". Mögen alle Wallfahrer nach St. Bartholomä dieses Satzes eingedenk sich der jahrhundertealten Tradition ein- und unterordnen, damit ihre Pilgerschaft „zwischen den Welten" ihren höheren Sinn nicht preisgibt und das eigentliche Ziel jeder Wallfahrt nicht aus den Augen verliert, Gott und seine Herrlichkeit.

---

3) Johann Neuhardt, Wallfahrt im Erzbistum Salzburg, München 1982, S. 19.

4) Walter Brugger/Ulrich Ziegeltrum, St. Bartholomä im Königssee, Schnell Kunst-Führer Nr. 1515, München 1984, S. 14ff.

5) Original im Heimatmuseum Saalfelden, Kopie im Heimatmuseum Berchtesgaden.

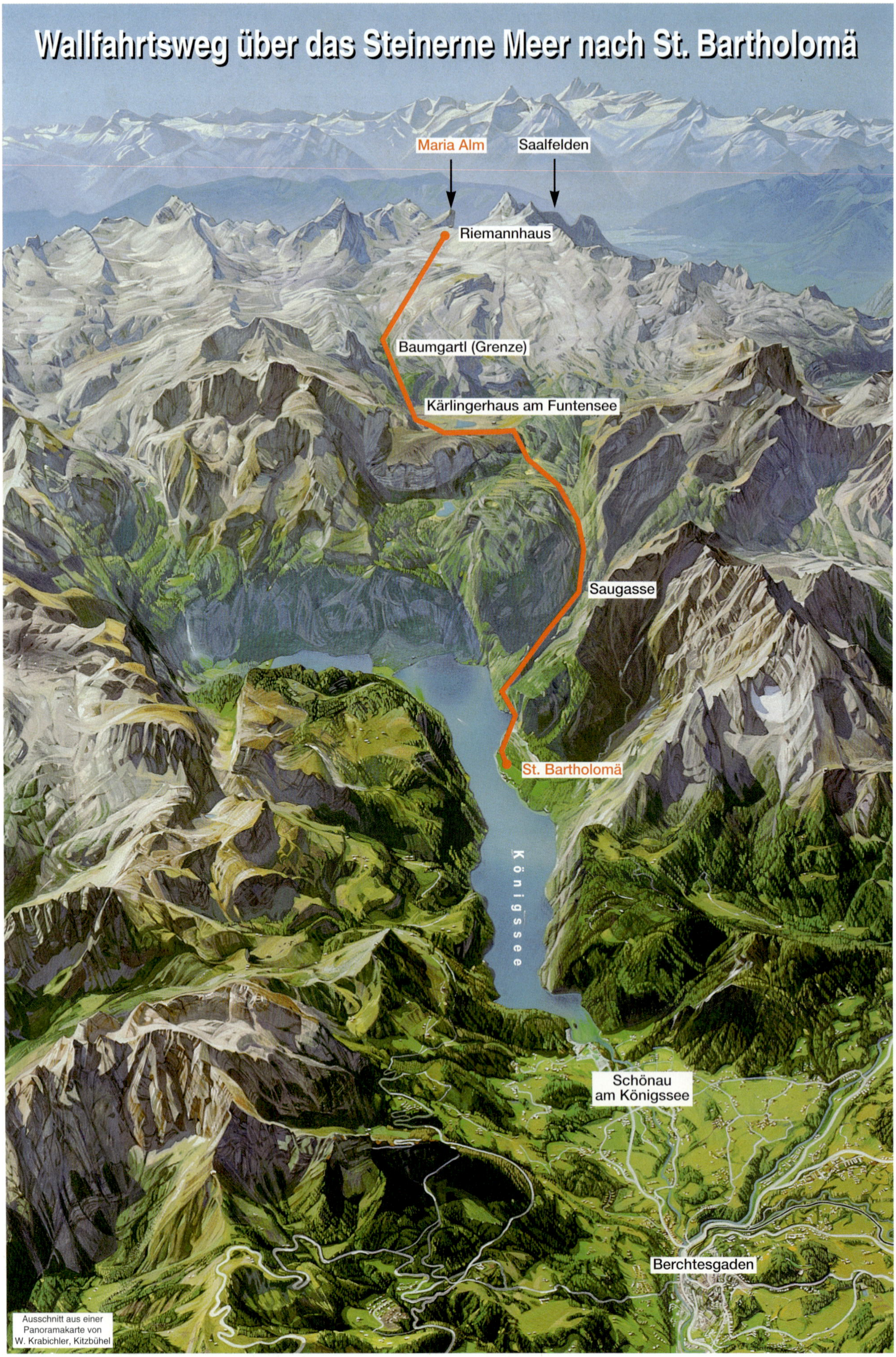

Wallfahrtsweg über das Steinerne Meer nach St. Bartholomä
Maria Alm
Saalfelden
Riemannhaus
Baumgartl (Grenze)
Kärlingerhaus am Funtensee
Saugasse
St. Bartholomä
Königssee
Schönau am Königssee
Berchtesgaden
Ausschnitt aus einer Panoramakarte von W. Krabichler, Kitzbühel

Jmpressionen
von der Wallfahrt über das Steinerne Meer

Impressionen
von der Wallfahrt
über das Steinerne Meer

Impressionen

von der Wallfahrt
über das Steinerne Meer

Impressionen
von der Wallfahrt
über das Steinerne Meer

Das Steinerne Meer aus geologischer Sicht

Ewald Langenscheidt

Das Steinerne Meer zwischen Maria Alm im Pinzgau und dem Königssee im Berchtesgadener Land, ist einer der größten Gebirgsstöcke der Berchtesgadener-Salzburger Kalkalpen. Im Westen grenzt das Steinerne Meer an Watzmann und Hochkalter, nach Süden fällt es mit beinahe 2000 Höhenmeter steil gegen die Grauwackenzone mit ihrem sanften, an ein Mittelgebirge erinnernden Relief ab. Im Südosten ist das Steinerne Meer mit einem Übergang zum Hochkönig verbunden, ebenso in nordöstlicher Richtung zum Hagengebirge. Gegen Norden bricht die flach geneigte Hochfläche in mehreren Steilstufen zum Königssee ab.

Lange bevor es den Menschen gab, begann schon die Entstehungsgeschichte der Gesteine, die die Berge der Salzburger-Berchtesgadener Kalkalpen aufbauen. Genaue Untersuchungen dieser Gesteine erlauben es dem Geologen, viele Jahrmillionen in die Vergangenheit zu blicken und dabei die Geschichte von Ländern und Meeren zu rekonstruieren sowie die Bildung unserer Alpen nachzuvollziehen.

Jedem bekannt ist das Bild der Erde, die Form und Lage der Kontinente. Es stellt aber nur eine Momentaufnahme aus der heutigen Zeit dar. Läßt man dagegen die über 4 Milliarden Jahre Erdgeschichte wie in einem Zeitrafferfilm ablaufen, so kann beobachtet werden, daß das Aussehen unserer Erde sich ständig verändert. Die Kontinente bewegen sich auf der Erdkugel, Gebirge entstehen und werden abgetragen, Meere und Meeresarme bilden sich und vergehen wieder.

Vor über 200 Millionen Jahren begann die in Gesteinen überlieferte Geschichte der Salzburger-Berchtesgadener Alpen. Damals waren alle heutigen Kontinente der Erde in einer einzelnen großen Landmasse vereint. Diese zerbrach entlang des Äquators, es bildete sich ein Nordkontinent und ein Südkontinent. Zwischen ihnen breitete sich von Osten allmählich ein Meer, die Tethys, aus, an deren Südrand aus Meeresablagerungen die Gesteine entstanden, die heute die Berge der Salzburger-Berchtesgadener Alpen aufbauen. Dabei war der Südrand dieses Meeres gleichzeitig der nördliche Schelfrand des sich anschließenden Kontinents „Urafrika".

Erste Meeresvorstöße in damals äquatornaher Lage führten zu Eindampfungen des eindringenden Meerwassers, das Haselgebirge mit seinen Salzlagerstätten von Bad Reichenhall, Berchtesgaden, Dürrnberg und Hallein wurde gebildet. Mit weiteren Meeresvorstößen von Osten breitete sich die Tethys nach Westen aus, dabei geriet das Entstehungsgebiet der Berchtesgadener-Salzburger Kalkalpen unter dauerhafte Meeresüberdeckung. Dies ist mit den Werfener Schichten dokumentiert, die aber auch noch landnahe Einflüsse in ihren Sandsteinen erkennen lassen. Weiteres Auseinanderdriften der Kontinente und eine damit verbundene Ausdehnung des Meeres hatten Kalk- und Dolomitbildungen zur Folge (Reichenhaller-, Gutensteiner Kalke bis Ramsaudolomit), die gleichfalls warme klimatische Bedingungen erkennen lassen, dagegen verschwinden die Einflüsse des Festlandes vollständig. So war der erste Kalk- und Dolomitentwicklungszyklus abgeschlossen und es wird durch diese fortlaufende Entwicklung deutlich, daß die einzelnen Ablagerungs- oder Sedimentgesteine nicht durch scharfe lithologische Grenzen voneinander getrennt, sondern miteinander durch fließende Übergänge verbunden sind.

Einen Einschnitt in diese Entwicklung markieren die Raibler Schichten. Mit ihren Sandsteinen lassen sie nochmals eine kurze vom Festland beeinflußte Phase erkennen, die, ausgedrückt in der geringen Mächtigkeit und der lückenhaften Verbreitung, allerdings nur von kurzer Dauer war. Der Karnisch-Norische Dolomit führt nach dieser Unterbrechung zunächst die Fazies des Ramsaudolomites fort, um schließlich ohne scharfe Grenze in den Dachsteinkalk überzuleiten, der das beherrschende Gestein im Steinernen Meer ist.

Damit war die Sedimentation in der Triaszeit beendet, die Entwicklung der über 1000 Meter mächtigen Karbonatplattformen in zwei Zyklen auf dem nördlichen Schelfrand von „Urafrika" abgeschlossen.

Diese typische Abfolge der Gesteine aus der Trias, der tiefsten Formation des Erdmittelalters, beginnend mit den Werfener Schichten bis hin zum Dachsteinkalk, ist an den Südrändern des Steinernen Meeres aufgeschlossen und wird beim Anstieg von Maria Alm durchquert. Zunächst der Almengürtel, wo die Gesteine der tiefen Trias anstehen, weiter bergwärts im Schrofengelände der Dolomite bis der Dachsteinkalk den letzten Steilanstieg markiert.

Während sich diese Ablagerungen bildeten, verbreiterte sich der Meeresarm ständig, dabei bewegten sich der Nord- und Südkontinent immer weiter auseinander, bis sie über 1000 km voneinander entfernt und durch ein ausgedehntes Meer getrennt waren. Im zentralen Bereich der Tethys wurden andere Ablagerungen gebildet als im Entstehungsbereich der Kalkalpen, aus einem Teil von ihnen sollten einmal die Tauern und die sie umgebenden Gesteine entstehen.

Im Norden überflutete das Meer ein Stück des dortigen Kontinents „Ureuropa", Muschelkalk, Keuper und später die Juragesteine der Fränkischen und Schwäbischen Alb entstanden. Die Ablagerungsbereiche, aus denen einmal das Steinerne Meer entstehen sollte und die der Schwäbisch - Fränkischen Alb waren so vor 150 Millionen Jahren 1000 oder mehr Kilometer voneinander entfernt, heute mögen es vielleicht 150 km Luftlinie sein.

Die Auseinanderbewegung der Kontinente „Ureuropa" und „Urafrika" kam schließlich zum Stillstand, kehrte sich sogar um. Dadurch wurde der Meeresarm nun mehr und mehr eingeengt und mit ihm die darin abgelagerten Gesteinspakete; sie wurden nach Norden gedrängt. Dabei wurden große Bereiche in Form von Decken übereinander gestapelt, ähnlich wie man nebeneinander liegende Spielkarten zu einem Stapel zusammenschiebt. Die Gesteine der ehemals zusammenhängenden Nördlichen und Südlichen Kalkalpen waren dabei eine der Karten, die zuoberst zu liegen kamen. Andere Einheiten, wie die heutigen Tauern, lagen weiter unten. Nur reagieren Gesteinspakete anders als Spielkarten: die unteren geraten unter Druck, werden erwärmt, dadurch weich und plastisch und drängen in die Höhe. Finden sie dabei in den oberen Einheiten Schwächezonen vor, dringen sie darin auf. So trennte der Aufstieg der Zentralalpen mit den Tauern die Kalkalpen in einen nördlichen und südlichen Teil. Und wie auf einer rutschigen Unterlage glitt der nördliche Teil und mit ihm die Salzburger-Berchtesgadener Kalkalpen und das Steinerne Meer von den aufsteigenden Tauern ab, bis sie schließlich in ihre heutige Position kamen.

Aus Gesteinen, die aus Ablagerungen in einem Meer auf dem Schelfrand von „Urafrika" enstanden und die anschließend weit nach Norden geschoben wurden, bestehen also die Berge der Salzburger Berchtesgadener Kalkalpen.

Am Dachsteinkalk, der im oberen Teil des Anstiegs das begleitende Gestein ist und der im ganzen Steinernen Meer dominiert, wird besonders deutlich, daß die Berge aus Meeresablagerungen entstanden sind. In der Umgebung des Steinernen Meeres finden sich 1000 Meter mächtige versteinerte Riffe mit Korallen, Schwämmen und anderen Tieren und Pflanzen: im Anschluß an das Hagengebirge im Norden der Hohe Göll, im Südosten der Hochkönig. Massiger, schichtungsloser Dachsteinkalk kennzeichnet diese Riffbereiche, die ehemaligen Riffbildner wie Korallen, Schwämme und Algen sind an manchen Orten sogar in Lebensstellung erhalten und für den aufmerksamen Wanderer leicht zu erkennen. Zwischen den Riffen breiteten sich großflächige Lagunenbereiche aus und aus einer entstand das Steinerne Meer mit dem dafür typischen lagunären Dachsteinkalk.

Er läßt sich vom Dachsteinkalk in Riffazies schon durch seine im Meterbereich liegende Bankung unterscheiden, die besonders in steileren Wänden wie am Selbhorn deutlich durch eine Bänderung zu erkennen ist. Diese Bankung wird hervorgerufen durch eine Wechsellagerung von einzelnen, bis zu 20 Meter mächtigen und massiven Kalkbänken mit oft nur wenige Zentimeter mächtigen Ton- und feingeschichteten Dolomitlagen, die ihre Entstehung Algenmatten verdanken. Bei genauerer Untersuchung ergibt sich, daß in einer solchen Abfolge ein Trockenfallen eines Teils der Lagune, das anschließende Überfluten mit Aufarbeitung der obersten Bereiche der liegenden Bank, dann extreme Flachwasserbedingungen mit Algenmatten und anschließend das Stadium eines flachen Meeres in der darauf folgenden Kalkbank dokumentiert ist. Dieser Zyklus kann sich bis zu 300 mal wiederholen. Da nicht die ganze weit ausgedehnte Lagune gleichzeitig trocken fiel, konnten an verschiedenen Stellen Tiere und Pflanzen im Wasser überleben, von dort breiteten sie sich dann wieder über das gesamte Gebiet aus.

Die Ausbisse der einzelnen so entstandenen Bänke des Dachsteinkalkes bei leicht geneigter Lagerung waren für das Steinerne Meer namensgebend: sie gleichen gefrorenen Wellen.

Der kleinste Teil dieser Erde ist voller Wunder. Das Eigentliche ist hintergründig, unsichtbar und unaussprechlich. Das unscheinbare Leben, das niemand beachtet, erzählt von seinen Geheimnissen. Was wird den Menschen blühen, die darüber nachsinnen, Sehnsucht nach ihm haben und ihm begegnen werden?

Ambros Aichhorn

Abbildungen Seite 39:

Oben links: Die einzelnen Bänke des Dachsteinkalkes gleichen gefrorenen Wellen. Sie gaben dem Steinernen Meer seinen Namen.

Oben rechts: Oberhalb der Saugasse. Der Weg verläuft in einer tief eingeschnittenen Störung.

Unten links: Muschel an Muschel, Zeugen eines ehemaligen Meeresbodens.

Unten rechts: Vereinzelt finden sich auch versteinerte Korallen.

Darüberhinaus ist für den Dachsteinkalk seine Reichhaltigkeit an Versteinerungen charakteristisch: neben Algen und Foraminiferen (Kammerlinge) treten Schnekken, Muscheln, Korallen und Bryozoen (Moostierchen) auf.

Auffallend sind die in den Bänken oft zahlreich vorkommenden Muscheln (Megalodonten, im Volksmund werden solche Querschnitte auch „Hirsch- oder Kuhtritte" genannt), die bis zu 50 cm groß werden können. Dabei werden mit meist hellen oder weißen Kalzitkristallen die Form der Schalen nachgezeichnet. Unter dem Mikroskop ist weiterhin zu erkennen, daß unzählige Mikrofossilien und deren Skelett- und Schalenreste am Gesteinsaufbau beteiligt sind. An anderer Stelle wiederum treten kugelige Körper mit konzentrischem Schalenbau auf, die sich um kleine Schalenbruchstücke oder sonstige Körnchen gebildet haben. Sie zeigen Bereiche mit bewegterem Wasser an. So ist der Dachsteinkalk mit seinen 1000 Metern Mächtigkeit nahezu vollständig aus Resten von Tieren und Pflanzen aufgebaut, die in den Lagunen zwischen den Riffen lebten. Gleichzeitig lassen sich aber auch Aussagen über die Gestaltung der Lagune treffen: Bereiche ruhigen Wassers wechseln mit Stellen höherer Wasserbewegung, kleine Kanäle durchzogen die Lagune und an manchen Orten wuchsen vereinzelt Korallen und Schwämme, dazwischen breiteten sich am Meeresboden in großer Zahl Muscheln, Schnecken und andere Tiere und Pflanzen aus. Insgesamt stellt sich die Dachsteinkalklagune als differenzierter Lebensraum dar, den jeweils den bestimmten Lebensbedingungen angepaßte Tiere und Pflanzen bewohnten, seine Wassertiefe dürfte nur selten 20 Meter überstiegen haben.

Über die gesamte Mächtigkeit des Dachsteinkalkes sind diese flachmarinen Ablagerungsbedingungen nachzuweisen, so daß eine stetige Absenkung des Untergrundes, die durch die Bewegungen der Kontinente bedingt war, durch eine rege Organismentätigkeit kompensiert werden mußte um über einen längeren Zeitraum die Lagune zu erhalten.

Nimmt man die Zeitspanne, in der der Dachsteinkalk abgelagert wurde und teilt diese durch die Anzahl der Kalkbänke, so ergibt sich, daß in einer einzelnen Bank des Dachsteinkalkes ca. 25–50000 Jahre Erdgeschichte dokumentiert sind, das ist in etwa mehr als doppelt soviel Zeit, wie hier in Mitteleuropa seit der letzten Eiszeit vergangen ist.

Auf den Hochflächen des Steinernen Meeres durchbrechen Gesteine von roter Farbe das Grau des Dachsteinkalkes. Es sind dies Gesteine aus der Jurazeit, die Spalten im Dachsteinkalk ausfüllten, als die großen Lagunenbereiche mit Beginn des Jura zerbrachen. Sie haben sich nur in kleinen Vorkommen bis heute erhalten können. Auch die Fossilien in den roten Kalken unterscheiden sich von denen des Dachsteinkalkes. Reste von Seelilien und Ammoniten sind häufig vertreten, sie zeigen eine größere Wassertiefe an, als in der Dachsteinkalklagune und markieren so das Ende der über mehrere Millionen Jahre andauernden flachen Meeresbereiche.

Nach dem Anstieg erschließt sich der eigentliche Charakter des Steinernen Meeres: auf weiten Plateauflächen setzen einzelne Berge auf.

Am Südrand des Steinernen Meeres begrenzt eine Bergkette das weit ausgedehnte Plateau gegen die Südabstürze, die Berge überragen die eigentliche Plateaufläche um etwa 200 bis 300 Meter. Vom Hundstod im Westen zieht die Kette über das Hollermaißhorn, Achselhorn, Breithorn und Schönfeldspitze bis zum Selbhorn und Brandhorn im Osten, wo sie sich gabelt und ein Ausläufer zum Hochkönig, der andere nach Norden zum Hagengebirge führt. Das daran nördlich anschließende Plateau ist flach nach Norden geneigt, bis es dann an mehreren Störungen versetzt gegen den Königssee abbricht. Einige wenige flache, kuppenartige Berge unterbrechen es, wie etwa das Rotwandl oder der Brandtenberg. Diese Verhältnisse sind Ausdruck der Hebung des Alpenkörpers und der damit

Abbildung Seite 40:

An manchen Stellen durchbrechen rote Gesteine das Grau des Dachsteinkalkes.

Abbildungen Seite 41:

Links: Unter dem Mikroskop wird deutlich, daß nahezu der gesamte Dachsteinkalk aus Resten von Tieren und Pflanzen besteht.

Rechts: In den Rotkalken sind Ammoniten nicht selten.

einhergehenden tertiären Landschaftsentwicklung, die nach der Gebirgsbildung einsetzte und die erst das Hochgebirge entstehen ließ.

Die Oberflächenformen werden als Ausdruck einer in mehreren Phasen stattgefundenen Hebung und dem dadurch bedingten Einschneiden von Flüssen interpretiert.

Dabei werden die Oberflächenformen untergliedert in:

Augensteinniveau:
Keine Flächen mehr erhalten, wäre ca. 30–50 m über dem Hochkönigniveau zu denken.

Hochkönigniveau:
Kuppen mit flachen Gipfelhauben, Höhenlage im Steinernen Meer etwa um 2600 m.

Tennenniveau:
Plateauflächen, um 2200–2300 m.

Gotzenniveau:
greift fingerförmig in die Plateauflächen ein, Höhenlage 1900 m.

Von der ältesten und am höchsten gelegenen Landoberfläche, der sogenannten Augensteinlandschaft, sind nur noch zum Teil mehrfach umgelagerte Sedimente erhalten. Es sind dies die Augensteine, vornehmlich Quarze, Quarzite und Sandsteine, die sich zum Beispiel in der Umgebung des Ingolstädter Hauses oder der Schönfeldspitze finden. Sie wurden von Flüssen als Gerölle aus den Zentralalpen herangeschafft, zu einer Zeit, als das Salzachquertal noch nicht bestand.

Das Hochkönigniveau als nächst jüngeres ist in zerteilten Flächen um die Gipfelbereiche der Randketten erhalten. Es zieht vom Gjaidkopf im Westen, über Schneiber, Hundstod, entlang der Südkette mit Hollermaißhorn, Achselhorn, Breithorn zur Schönfeldspitze, dem Selbhorn und Brandhorn im Südosten. Auch Flächen um die Funtenseetauern und das Rotwandl werden dazu gerechnet.

Vor etwa 20 Millionen Jahren bildeten sie eine zusammenhängende Landoberfläche, die nur wenig Höhenunterschiede aufwies und flach nach Norden geneigt war.

Darin eingesenkt liegen als nächst jüngeres die Ausbildungen des Tennenniveaus. Sie bilden einen sehr großen Teil der zentralen Hochfläche des Steinernen Meeres um 2200 Meter Höhe. Daneben werden auch die Nordgipfel Viehkogel und Schottmalhorn mit dem Tennenniveau in Verbindung gebracht.

Das Gotzenniveau, benannt nach der Gotzenalm im Hagengebirge, als nächst tiefere Ausbildung, ist in Flächen um den Funtensee, Baumgartl und Glunkerer sowie in Ausläufern um die Schönbichlalm und westlich des Viehkogels erhalten.

Unter diesen erwähnten Niveaus sind noch mehrere andere auszuscheiden, diese sind aber im zentralen Steinernen Meer nicht ausgebildet und spielen auch an den Rändern nur eine untergeordnete Rolle.

Diese ganzen Flächenausbildungen sind so in Folge der phasenweisen Hebung des Gebirgsstockes entstanden: Flüsse konnten sich immer tiefer einschneiden und die Folge davon war eine treppenartige Tallandschaft.

Erst nach dieser tertiären Landschaftsentwicklung formten die Gletscher das heutige Landschaftsbild. In mehreren Eiszeiten breiteten sie sich während der letzten Million Jahre Erdgeschichte auch über den Alpenraum aus. Sie zerteilten im Steinernen Meer die Randketten in einzelne Gipfel und durch Karbildungen wurden aus ehemals flachen Kuppen steile Bergspitzen herauspräpariert. Als Beispiel hierfür mag die Schönfeldspitze dienen, die von Berchtesgaden aus gesehen, den Königssee und das östliche Steinerne Meer überragt. Gleichzeitig formten die Gletscher auch die Talbereiche um, sie übertieften das Königsseetal und das hängend endende trogförmige Tal des

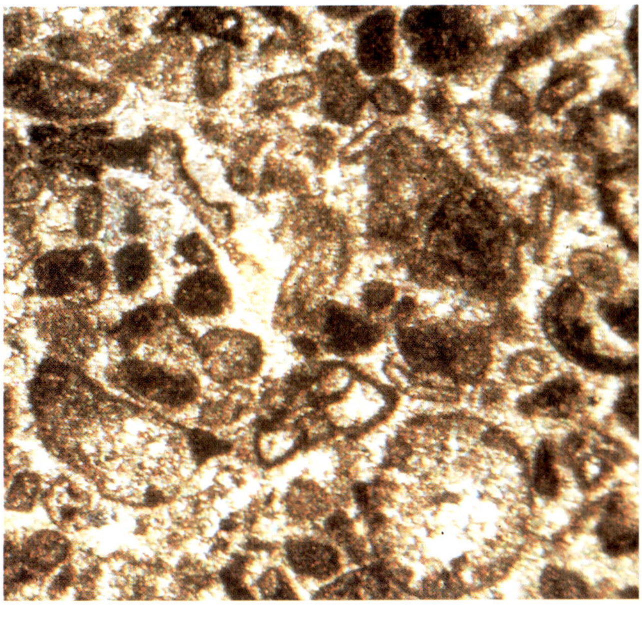

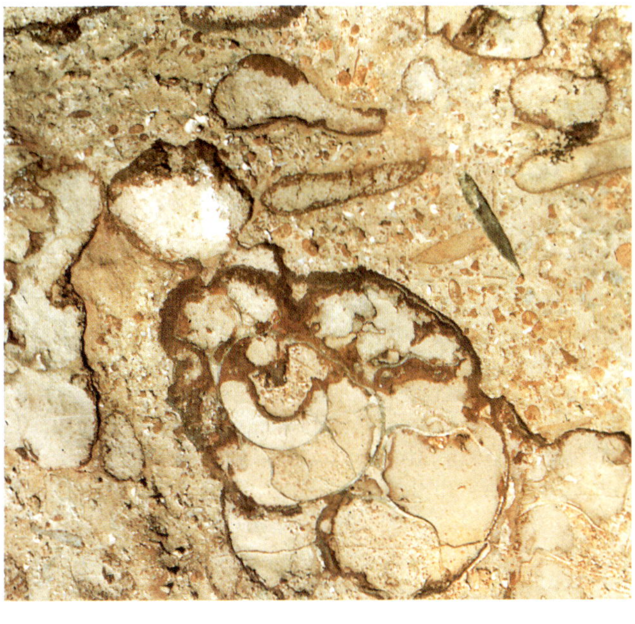

Schrainbaches wurde durch einen Seitengletscher des großen Königsseegletschers ausgestaltet.

Heute ist die Verkarstung, die Kalklösung durch Wasser, der formbildende Prozeß im Steinernen Meer. Zahlreiche verschiedene Karrenformen bestimmen die Kleinmorphologie im Steinernen Meer, daneben treten Karstgassen und Dolinen auf, die in Reihen angeordnet manchmal Störungen im Gebirgsbau nachzeichnen. Karstgroßformen wie Uvalas, schüsselartige Eintiefungen, sind im nördlichen Bereich des Steinernen Meeres anzutreffen. Als Kleinformen des Karstes besonders erwähnenswert sind einige Karsttische in der Umgebung des Rotwandls. Dabei bleibt, geschützt durch einen auflagernden Block, ein kleiner Bereich von der flächenhaften Kalklösung verschont. Aus dem Differenzbetrag zu der weiteren Umgebung läßt sich so das Ausmaß der Kalklösung seit der letzten Eiszeit bestimmen. Ungefähr 10 Zentimeter beträgt der Unterschied, was einer Kalklösung von 1 Millimeter pro 100 Jahren entspricht.

Nach dem Anstieg zum Steinernen Meer von Süden durch die Entwicklungsgeschichte des südlichen Teils der Tethys bis zur Dachsteinkalklagune, die auf der Hochfläche durchquert wird, wird der Funtensee erreicht.

Das Uvala des Funtensees, eine großräumig eingesenkte Hohlform, liegt im nördlichen Teil des Steinernen Meeres in etwa 1600 Meter Höhe. Dort ist das Vorkommen von Seetonen eine der Besonderheiten des Funtenseegebietes. Es handelt sich dabei um ein sandig-tonig-siltiges Lockergestein, das von sehr heller Farbe ist. Aufschlüsse finden sich etwa entlang des Weges vom Funtensee nach Bartholomä zwischen dem Funtensee und dem Abzweig zum Grünsee. Die Seetone werden für die Abdichtung des ansonsten voll verkarsteten Gebietes verantwortlich gemacht. Die Höhenlage der Seetone nordwestlich des Funtensees korreliert mit den Terassenbildungen südöstlich des Sees, was auf eine ehemals größere Ausdehnung des Sees hinweist. Torfbildungen sind im Verbreitungsgebiet der Seetone nicht selten anzutreffen, ebenfalls kleinere Moorbildungen.

Interessante Ergebnisse erbrachte eine Bohrung im Funtensee, bei der ein rund 8,5 Meter langer Kern gewonnen wurde. Die Bohrung wurde Ausgangs des Winters vom Eis aus niedergebracht. In dem Bohrkern selbst ist die Geschichte dieses Gebietes in den letzten 10000 Jahren dokumentiert, Pollen und Fliegenlarven ermöglichen dabei eine genauere Analyse. Die untersten 6 Meter des Kerns wurden in etwa 1000 Jahren nach dem Abschmelzen der letzten Vereisung abgelagert, eine lockere Tundrenvegetation kennzeichnete die Vegetationsverhältnisse. Die nächsten ca. 1,8 Meter Kern entsprechen den darauffolgenden 8000 Jahren. Wald konnte sich ausbreiten und es fand somit auch eine Befestigung und Stabilisierung des Bodens statt. Die letzten 0,7 Meter Bohrkern enthalten die Ablagerungen aus den letzten 1000 Jahren. Eine Verschlechterung der klimatischen Verhältnisse im Mittelalter und der Einfluß des Menschen durch die Weidewirtschaft führten zu einer Absenkung der Waldgrenze, was deutlich im Bereich der verfallenen Feldalmen nachzuvollziehen ist. Es läßt sich so sehr gut ableiten, welch wichtiger Faktor die Vegetation in der Steuerung des Abtrags- und Erosionsgeschehens einnimmt. Aber auch die Einflüsse des Menschen sind unverkennbar. So gewinnen die Ergebnisse aus diesem Bohrkern eine geradezu aktuelle Bedeutung, wenn man die zunehmend ablaufenden Abtrags- und Erosionsprozesse im Bergland unter Berücksichtigung des sich verschlechternden Zustandes des Waldes interpretiert.

Nach dem Verlassen des Funtenseegebietes erfolgt der Abstieg nach St. Bartholomä durch die Saugasse. Dort verläuft der Weg in einer großen Störung, die an beiden Seiten durch Steilwände markiert wird, bis schließlich im Schrainbachtal der Weg fast eben verläuft. Gletscher haben dem Tal seine U-Form gegeben und die Wände übersteilt. Über eine weitere Steilstufe wird dann der Königssee und St. Bartholomä erreicht.

Seine Entstehung verdankt der Königssee den abschmelzenden Gletschern der letzten Eiszeit, die, mit über 1000 Metern Eismächtigkeit, auch sein Becken trogförmig aushobelten und die Seewände übersteilten. Der See dürfte somit etwa 10000 Jahre alt sein. Seine tektonische Anlage als Bruchzone im Gebirge erfolgte allerdings schon im oberen Jura. Im Tertiär haben wohl Flüsse diese vorgezeichnete Schwächezone benützt, während der Eiszeiten dann die Gletscher.

Königssee und Obersee sind durch eine Sohlschwelle getrennt, auf der Moränenwälle von Eisrückzugsstadien lagern. Der historische Bergsturz aus dem Jahr 1172, der vielerorts als vermeintliche Ursache für die Trennung von Königssee und Obersee angeführt wird, wirkte allenfalls überprägend.

Der Schwemmfächer von St. Bartholomä wird schließlich am Ende der Wallfahrt erreicht. Er bezieht sein Material im wesentlichen aus den tieferen Partien der Watzmann-Ostwand, wo Ramsaudolomit und Karnisch-Norischer Dolomit ansteht. Diese sind intensiv geklüftet und werden durch Frostprengung mechanisch aufgelockert. Der dabei entstehende Schutt wird dann durch den Eisbach in den Königssee transportiert. Der Schwemmfächer von St. Bartholomä hat den Königssee seit der Eiszeit schon erheblich eingeschnürt, in geologischer Zukunft wird dies zu einem vorderen und hinteren Königssee führen.

Die Wallfahrt von Maria Alm nach St. Bartholomä am Königssee ist so auch eine Wanderung durch über 200 Millionen Jahren Erdgeschichte. Entlang des Weges läßt sich das Entstehen und die Entwicklung eines Meeresarmes verfolgen, der bis hin zu einem weit ausgedehnten Schelfmeer führte. Die formenden Auswirkungen der Gletscher der letzten Eiszeiten werden beim Abstieg nach St. Bartholomä deutlich und zuletzt die Kräfte und deren Folgen, die die Berge heute wieder abtragen.

Berg, Stein und Wüste – heilig oder dämonisch

Friedrich Spiegel-Schmidt

Abbildung: Das Sinai-Massiv.

Unsere frühesten Ahnen, wie auch heute noch die aussterbenden Restvölker, die sich ihre Primitivität, ihre Ursprünglichkeit bewahrt haben, kannten unsere feststellende, objektivierende und analysierende Wahrnehmung der Welt um uns nicht. Sie fühlten sich eins mit allem um sie her und nahmen alles in sich hinein. Sie unterschieden auch nicht zwischen Lebendem und Leblosem, alles war ihnen beseelt, Mensch, Tier, Pflanze und Stein. Der Stein, der den Berghang herabrollt, der Feuerstein, in dem die geheimnisvolle Kraft steckt, Funken sprühen zu lassen, der Fels, der in bizarren Formen in den Himmel ragt, war für sie ebenso erfüllt mit geheimen Mächten wie die ganze Natur. Von jedem Ort strahlte Macht aus, machte ihn gottnah oder dämonisch lebensdrohend.

Besondere Wirkung übten die unzugänglichen, gewaltigen Gipfel der Hochgebirge aus. Diese oft von Wolken eingehüllten Bergspitzen schienen ja wirklich in den Himmel zu reichen, wie es in mythischen babylonischen Texten heißt. Den Steinzeitmenschen, die auf der Suche nach bergenden Höhlen oft hoch hinaufsteigen mußten, waren die Berge vertrauter als den Bewohnern der großen Ebenen, die umso faszinierter von der fernen Gebirgswelt waren. Der Gletschermensch vom Ötztal ist ein überraschender Beleg für das Erstere.

Der harte Fels schien unwandelbar im Unterschied zum weichen Erdboden der Täler, den der Pflug aufreißen konnte. So stellte man sich vor, daß am Anfang der Welt ein Urberg war, ein Weltberg, dessen Fundamente tief in die Unterwelt hinabreichten und der so das Band zwischen Himmel und Erde war.

Waren zuerst die überragenden Gipfel, der Olymp der Hellenen, der Fujiyama der Japaner, wohl auch der Sinai der Midianiter und Keniter, Sitze der Gottheit und wurde sie erst später noch höher hinaufgedacht in den als über die Erde gewölbtes Firmament vorgestellten Himmel? Oder hat man zuerst den Himmel als Sitz der Götter geglaubt und sie von dort auf die so himmelnahen Berggipfel herabkommen lassen? Eine Frage, in die unser Wissen wohl nie mehr Klarheit zu bringen vermag.

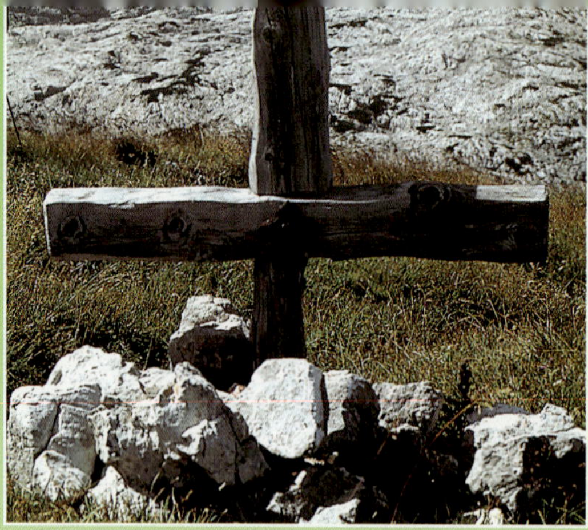

Auf Gipfeln und an Wegen steht das Kreuz. Es erinnert an den Mann, der arm über diese Erde ging und den Mut hatte, das eigene Kreuz zu tragen. Nicht bloß das eigene! Noch immer geht er über diese „steinige“ Erde. Er hilft dir dein Kreuz tragen. Er leidet mit dir an deinem Kreuz, wie es in einem Lied heißt.
Er „zweifelt“ mit dir an deinem Kreuz. Er weint mit dir an deinem Kreuz. Er stirbt mit dir deinen Tod und siegt mit dir an deinem Kreuz.

Ambros Aichhorn

So werden einerseits die Berge Stätten der Anbetung und man unternimmt Opferwallfahrten auf sie. Über die Berge der Bibel hat bereits Pfarrer Kitzbichler geschrieben.

Die Mesopotamier aber schufen sich in ihrer Ebene künstliche Berge in ihren Tempeltürmen, die nach dem Zeugnis des biblischen Berichts ebenso „in den Himmel reichen“ sollten wie die weit entfernten Berge, d. h. Gott einladen sollten zu ihnen herabzukommen. Sie wurden auch manchmal nach den Urbergen babylonischer Mythen benannt.

Leichter zugänglich waren die niedrigeren Erhebungen, die höchsten Punkte einer neuen Niederlassung, die man dem Kult weihte. So in Athen und anderen griechischen Städten die Akropolis, was nichts anderes heißt als Hochstadt. Auch unsere Vorfahren verfuhren so und die christlichen Missionare taten dasselbe wie Elia, sie erbauten auf den alten Kulthügeln ihrem Gott Kirchen, wo sie bis heute in vielen Ortschaften stehen.

Die hohen, die eigentlichen Götterberge aber wurden als heilig und darum tabu erklärt, und die Scheu, zu ihren einsamen Höhen vorzudringen, hielt noch bis in die Neuzeit an. Es waren besonders die mit der Sonne, dem in allen anderen Sprachen männlichen Sol in Verbindung gebrachten Lichtgötter, denen die Berggipfel zugeeignet waren. Ganz anders die dem Mond, der wieder in allen anderen Sprachen weiblichen Luna, Semele verwandten Muttergöttinen – von der babylonischen Ischtar bis zur römischen Venus. Zwar wurde die Große Mutter in Kleinasien, Urbild all dieser Fruchtbarkeits- und Liebesgöttinen, auch als „Bergmutter“ verehrt, aber man brachte sie mehr mit den die Berge umtosenden Stürmen, den in ihnen verborgenen Höhlen, mit der Nachtseite der Berge in Verbindung, wie sie als Herrinnen über Leben und Tod auch den in der Unterwelt hausenden chthonischen Gottheiten näherstanden.

Wie vieles andere in der heidnischen Umwelt stürzte der einzigartige Glaube Israels mit der Absolutheit des einen Gottes auch die Macht der Berge. Seien sie noch so alt, – ehe denn die Berge wurden, war und ist Gott (Ps. 90,2). Offenbar wehren sich die Glaubensaussagen der Bibel dagegen, ihren Herrn zu einem lokalen Berggott des Horeb – oder Sinai – herabwürdigen zu lassen. Gott ist Herr auch der Berge, sie alle sind sein (Ps. 95,4), er hat sie befestigt (Ps. 65,7), er läßt sie erbeben. Die Berge zittern vor ihm (Jes. 4,24; Nah. 1,5). Sie ergießen sich vor ihm, (Deborahlied Richt. 5,5, ein sehr alter Text) – sie schmelzen unter ihm (Ps. 97,5; Micha 1,4), sie zerfließen vor ihm, wenn er den Himmel zerreißt und herabfährt, um auf Erden sein Werk zu tun (Jes. 64,1). Ja er kehrt sie um und läßt die Felswände zu Boden fallen (Hes. 38, 20). Ihnen wird bange, denn er zerschmettert sie (Hab. 3,6 + 10). Aber sie stimmen auch ein in sein Lob (Jes. 49,13).
Der einzige Gottesberg, der bleibt, der – objektiv gesehen – nur wenig über die Stadt erhobene Zion, der Berg des Tempels, wird zuletzt höher sein als alle Berge, da freilich schon Sinnbild für die Unterwerfung alles Mächtigen unter Gott (Jes. 2,2 – Ps. 99,2).

So hat letztenendes der biblische Glaube die Berge profan gemacht, und damit letztendlich ihre Eroberung durch den modernen Alpinismus vorbereitet. Freilich sind kühne Menschen schon immer in die Berge vorgedrungen. Jäger hatten stets eine größere Nähe zu ihnen, Viehzüchter entdeckten die bessere Futterqualität der Bergwiesen und entwickelten die verschiedenen Formen von Almwirtschaft. Noch höher in die Steinregionen wagten sich Schafhirten mit ihren genügsamen Herden vor. Feldherren suchten geeignete Übergänge. Hannibal überwand die gallischen Alpen sogar mit seinen Kriegselefanten. Später bahnten sich die Römer ihre berühmten Straßen über die Alpenpässe: die Via Claudia, die Brennerstraße, den Radstädter Tauern.

Die Volkssage aber beseelte die Berge neu, ließ in ihnen hartherzige Menschen zur Strafe versteinern, drohen wie Frau Hitt in Tirol oder König Watzmann samt Frau und Kindern. Sie verlegte ihre Sehnsucht nach dem nie wiedergekehrten Reich Karls des Großen in eine Höhle des höhlenreichen Untersbergs oder ließ den im fernen Orient ertrunkenen Barbarossa auf eine ähnliche Wiederkehr im Kyffhäuser warten.

Abbildung Seite 45: In der Wüste Sinai.

Wie der Berg, so war für die Alten auch jeder Stein beseelt, hatte seine besondere Macht. Das galt besonders für Steine mit einer auffallenden, zu Vergleichen herausfordernden Form. Manche solcher Felsen wurden als Fußabdruck einer Gottheit oder des Urmenschen verehrt.

Die Erzvätergeschichten der Bibel geben ein anschauliches Bild von der alten Kultur der Herdenhaltung, die oft dazu zwang, nomadisierend von Weide zu Weide zu wandern. Hirten waren noch die Sippen Sauls und Davids. Sie waren hoch angesehen und dienten immer wieder als Gleichnis für die Führer des Volks – bis zu Jesus, ja bis zum heutigen Sprachgebrauch – Pastor, Pastoral – und manchen Kirchenliedern. Daß Hirten seine Geburt verkündet wird, ist ein letzter Nachklang ihrer alten, freilich damals längst verlorenen Stellung.

Die Weiden lagen aber oft am Rande von wüstem Land. Raubtiere gefährdeten oft genug die Schafherden. Auch der Weg von einem Weideplatz zum anderen war nicht gefahrlos. Der 23. Psalm hat das noch vor Augen: Der Herr mein Hirte, führt zur grünen Au und zum frischen Wasser. Ihm vertraut die Herde, auch wenn es durch finstere Schluchten geht, wo nur das Aufschlagen des Hirtenstabes die Gewißheit guten Geführtwerdens gibt.

Dieses Vertrautsein mit der wüsten Nachbarschaft geht dem endgültig Bodenständigen, noch mehr dem Stadtbewohner, bald verloren. Er schlägt seine Grenzsteine ein, die als unverletzbar, als heilig gelten. Und er – bis heute hat sich das Wort erhalten, obwohl wir uns kaum mehr an seinen Ursinn erinnern – „umfriedet“ mit Zäunen oder Mauern das nun ihm gehörende Land. Das hieß ja, er schafft sich einen Raum des Friedens und der Sicherheit, er schließt die Gefahren und die drohende Feindseligkeit des Draußen aus. Die Germanen nannten es Utgard. Erst für den bodenständigen Menschen wird alles Fremde unheimlich.

Ganz besonders aber ist die Öde, das unbewohnbare, nicht kultivierbare Land, der Ort dämonischer Kräfte. Das geht vom alten Babylon bis zum Islam durch alle Religionen. Nach dem jüdischen Ritus des Versöhnungstags wird der mit den Sünden des Volks beladene Bock – in unserem „Sündenbock“ lebt er noch heute – in die Wüste gejagt, denn dort ist der Ort des Bösen.

Nun aber schlägt sich dieses uralte Erbe religiösen Naturempfindens mit den geschichtlichen Traditionen des Glaubens Israels. Denn für diesen spielten die „40 Jahre in der Wüste“ eine grundlegende Rolle. Da hatte sich Gott als der erwiesen, der auch mitten in den Gefahren der Wüste Leben schenkt, Wasser aus Felsen springen, Nahrung vom Himmel fallen läßt, die Seinen sicher durchs Unwegsame führt. Freilich ist die Erinnerung an diese Wüstenzeit keineswegs eindeutig. Sie weckt, entsprechend den alten Überlieferungen,

sehr entgegengesetzte Urteile. In der alten Zeit, in der noch die Abwehr der wandernden Hirten und ihrer von ihrer Lebensweise geprägten Glaubensvorstellungen gegen die ihrerseits als von den gefährlichen Mächten der Fruchtbarkeitskulte (Baal und Aschere) dämonisch besetzten Ackerbauernkultur im Vordergrund stand, überwog die positive Erinnerung. War man, als man noch Zelte aufstellte und wieder abbrach, nicht Gott näher? Eine Erinnerung daran erhielt sich in den Bräuchen des jüdischen Laubhüttenfests, an die schon Hosea, ein Prophet des 8. Jahrhunderts vor Christus, erinnert: „Ich bin dein Gott von Ägypten her, der dich noch in Zelten wohnen läßt, wie man zur Festzeit pflegt" (Hos. 12, 10). Auch wenn man diesen Satz auf den ursprünglichen Kult bezieht, bleibt die Aussage: In den Zelten wart ihr Gott näher als in den Bauernhöfen. Auf jeden Fall blieb ja ein – heiliges – Zelt lange noch der Ort der Anbetung, das sie aus jener Wüstenzeit mitgebracht hatten und in dem die Bundeslade aufbewahrt wurde. So wird der Bau eines Steintempels als problematisch empfunden: „Habe ich doch in keinem Hause gewohnt, seit dem Tage, da ich die Kinder Israel aus Ägypten führte, sondern ich habe gewandelt im Zelt" (2. Sam. 7,6). Wiederholt wird im Alten Testament die Sippe der Rekabiter erwähnt, die am entschiedensten und zwar aus religiösen Gründen – das landsässige Leben ablehnten, weder säten noch Weinberge pflanzten, ja jeden Weingenuß ablehnten, und noch im 7. Jahrhundert in Zelten wohnten. Jeremia (c. 35) stellt ihren Gehorsam als Beispiel hin.

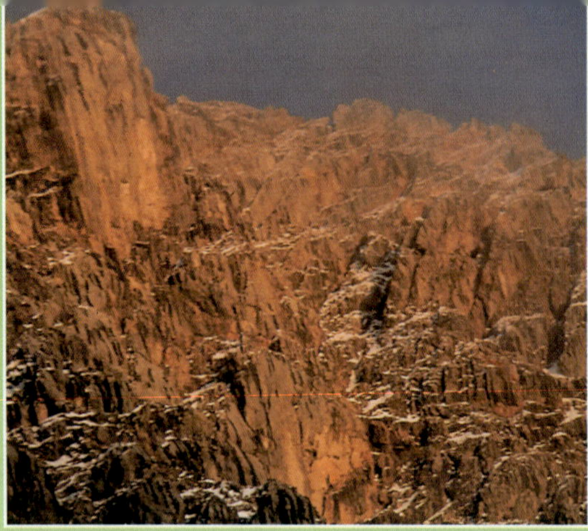

Die Felsbarrieren gleichen den brausenden Wogen des Meeres, eine endlose Weite von Wellenberg und Wellental. Die aufregenden Felsen sind wie Klippen am Ufer der Meere. In einem alten Seefahrerlied heißt es: „Meine Heimat ist das Meer, meine Träume sind die Sterne. Meine Liebe ist das Schiff, meine Sehnsucht ist die Ferne ..." Wer oder was ist Dir Heimat und Traum, Sehnsucht und Liebe? Die Wallfahrer wissen, daß unsere Sehnsucht nach Geborgenheit nicht ins Leere geht. Sie gehen zu dem, der Sehnsucht in Heimat wandeln kann.

Ambros Aichhorn

Aber auch, wo man es nicht so wörtlich nahm, wurde weithin die Gottnähe während der Wüstenzeit verklärt. Nur einige Beispiele: „da du eine liebe Braut warst, da du mir folgtest in der Wüste, da Israel des Herrn Eigen war" (Jer. 2,2f.). Und weiter Vers 5: „Der Herr, der uns leitete in der Wüste, im wilden ungebahnten, im dürren und finstern Lande, da niemand wandelte noch ein Mensch wohnte". Und im aus derselben Zeit (Ende des 7. Jahrhunderts) stammenden 5. Buch Mose: „Gedenke des Weges, durch den dich der Herr, dein Gott, geleitet hat diese 40 Jahre in der Wüste, daß er dich demütigte und versuchte, daß kund würde, was in deinem Herzen wäre, ob du seine Gebote halten würdest. Er ließ dich hungern und speiste dich mit Manna" – und nun das Wort, das bei der Versuchung Jesu wiederkehrt: „auf daß er dir kundtäte, daß der Mensch nicht lebt vom Brot allein, sondern von allem, was aus dem Mund des Herrn geht. Deine Kleider sind nicht veraltet an dir und deine Füße sind nicht geschwollen diese 40 Jahre. So erkennst du in deinem Herzen, daß der Herr dich gezogen hat wie ein Mann seinen Sohn zieht ... und dich geleitet hat durch die große und grausame Wüste, da feurige Schlangen und Skorpione und eitel Dürre und kein Wasser war" (c. 8).

Der mahnende Ton dieses Worts führt schon hinüber zum andern, negativen Urteil. Immer schon war das Volk Gott ungehorsam. Auch die alten Berichte reden vom murrenden Volk, vom Abfall an ein goldenes Kalb – nicht die Anbetung des Goldes, sondern ein Fruchtbarkeitsgott: „Aber das Haus Israel war mir ungehorsam auch in der Wüste ... aber mein Auge verschonte sie, daß ich sie nicht verderbte noch ganz umbrächte in der Wüste" (Hes. 20). „Wie oft erzürnten sie ihn in der Wüste!" (Ps. 78,20). „Sie wurden lüstern in der Wüste und versuchten Gott in der Einöde" (Ps. 106,14). Bis ins Neue Testament blieb das Bewußtsein dieser Schuld lebendig. Stephanus erinnert daran in seiner großen Bußpredigt. Im Blick auf Mose sagt er: „Welchem nicht wollten gehorsam werden eure Väter, sondern stießen ihn von sich und wandten sich um mit ihrem Herzen nach Ägypten und sprachen zu Aaron: „Mache uns Götter, die vor uns hingehen ..." (Apg. 7,39 f.). Auch Paulus warnte die korinthischen Christen vor den Sünden und Gottesgerichten jener Wüstenjahre (1. Kor. 10,1–11). Ähnlich der Verfasser des Hebräerbriefs (3,15–17): „Verstecket euer Herz nicht – wie die von Ägypten ausgingen durch Mose. Über welche aber war er (Gott) entrüstet 40 Jahre lang. Die da sündigten, deren Leiber in der Wüste verfielen." Das bringt ins Gedächtnis, daß die 40 Jahre ein Strafurteil

Abbildung Seite 47: Meteora-Kloster: Hagia Triada, Griechenland.

Gottes über eine ganze Generation waren. Aber darüber steht immer die bleibende Treue des rettenden Gottes. Johannes erinnert, sie mit dem Gekreuzigten vergleichend, an die von Mose aufgerichtete rettende Schlange (Joh. 3,14). Und ganz kurz faßt Lukas dies in einer Synagogenpredigt des Paulus zusammen: „40 Jahre duldete er ihre Weise in der Wüste“ (Apg. 13,18).

So bleibt die Wüste zwar unheimlich, ihre Gefahren werden sehr klar gesehen, aber gerade so war sie doch auch der Ort der wunderbaren Führung und Erhaltung Gottes, der Ort, wo seine Treue und Gnade sich ergreifender als sonstwo erwies. Und daraus wächst eine merkwürdige Sehnsucht, eine Ahnung, daß man in die Wüste zurückkehren müsse, um Gott wieder nahe zu kommen.

So nach der langen Gerichtspredigt des Hosea über die „Hure Israel“ die Wende zur Gnade: „Ich will sie locken und will sie in die Wüste führen und freundlich mit ihr reden“ (Hos. 2, 16).

Blumen sind lachende, bunte Sterne, die vom Himmel gefallen sind – aber bescheiden und zart.
Blumen sind verzierte Kelche, bemalte Vasen oder Becher, Schalen oder Schüsseln.
Viele Blüten öffnen sich am frühen Morgen und blühen in den Tag hinein, andere leuchten in die dunkle Nacht.
Ihre Gesichter staunen in die Sonne oder blicken hinauf zu den Sternen, so heiter und froh wie Kinder, die zu ihrer Mutter aufblicken.
Sie grüßen den, der die jungen Raben und das Rehkitz ernährt und die Lilien des Feldes kleidet.

Ambros Aichhorn, verändert nach P. Hans Wallhoff

Elia flieht vor der Rache der Königin eine Tagereise in die Wüste und bittet Gott, „daß seine Seele stürbe“, und wird dann, wunderbar gespeist und getränkt „40 Tage und 40 Nächte“ – eine heilige Zahl, deutlich bezogen auf die 40 Jahre Wüstenwanderung – diesen ganzen Weg zurückgeführt bis zum Berg Horeb, wo er eine Gottesbegegnung erlebt mit dem Auftrag, zurückzukehren und einen neuen König zu salben (1. Kön. 19).

In der apokalyptischen Stimmung der Spätzeit, etwa den letzten beiden Jahrhunderten vor Christus, wurde diese Einschätzung der Wüste wieder lebendig. Die Qumram-Gemeinschaft baut ihre klösterlichen Niederlassungen in der Wüste Juda, und Johannes der Täufer, der Vorbote des Kommenden, predigt „in der Wüste“ (Matth. 3,1). Dabei erinnert man sich an ein Prophetenwort: „Es ist eine Stimme eines Predigers in der Wüste“ (Jes. 40,3). Allerdings ist hier wie anderswo im Neuen Testament unter Wüste einfach eine unbewohnte Gegend zu verstehen, denn die Jordanauen waren sicher nicht Wüste im eigentlichen Sinne. Aber dann wird auch Jesus „vom Geist in die Wüste geführt, auf daß er von dem Teufel versucht würde“ (Matt. 4,1). Hier klingt das zwiespältige Verhätnis zur Wüste wieder durch. Es ist ein Weg, vom Geist Gottes geführt, ein Weg zu Gott hin, und es ist doch zugleich ein Weg dorthin, wo die Mächte des Bösen hausen. Und wieder handelt es sich um 40 Tage. Die Versuchung der lebensbedrohenden Wüste steht dann auch zuerst da: Rette dich vor dem Verhungern! Jesus antwortet mit dem Wort, das zunächst im Zusammenhang mit dem gottgesandten Wüstenbrot fiel. Nun aber behält der Böse die Führung über die Tempelzinnen auf dem „sehr hohen Berg“, dem Urberg des Mythos, von dem alle Reiche der Welt zu sehen sind, ganz deutlich eine Traumreise. Durch sein unbedingtes Gottvertrauen überwindet Jesus den Versucher und findet seinen Weg. In der Wüste, am Ort der direkten Konfrontation mit dem Bösen, offenbarte sich Gott als der Stärkere. Von da an sind menschenleere Orte, sind die Höhen der Berge für Jesus die Stätten des Gebets, der Stille vor Gott. Eine bemerkenswerte Parallele aus der religiösen Welt des alten Amerika: Der junge Indianer, der sich zum Fasten in die Weite der Prärie zurückzieht, spürt, „daß Seele in ihn einströmt“.

Auch in der christlichen Apokalyptik wird die Wüste zum Fluchtort für das vom Drachen – dem Symbol des Bösen – bedrohte „Weib“, eine uralte Mythengestalt, die im Himmel den Weltenrichter gebiert. Dort hat sie einen Ort, bereitet von Gott, „daß sie daselbst ernährt würde 1260 Tage“ (Offbg. 12,6). Das entspricht 40 Monaten. Wie damals soll auch jetzt Gottes Volk in der Wüste bewahrt werden.

Wenn später die Eremiten in der Gefolgschaft des ägyptischen Antonius sich in der Wüste ihre Zellen bauten, geht es wieder um beides: Da wo die dämonischen Kräfte hausen, wollen sie stellvertretend den Kampf gegen sie aufnehmen und dabei Gottes helfende Gegenwart erfahren.

Abbildung Seite 49: Katharinenberg, Sinai.

Als mit dem christlichen Glauben auch das Einsiedlertum sich in unsere Breiten ausdehnte, trat an die Stelle der Wüste die Einsamkeit schwer zugänglicher Gebirge, Felsenhöhlen oder gar unzugängliche Felsen wie bei den Meteora-Klöstern, deren Entstehung uns heute noch Rätsel aufgibt. Aber auch hier bleibt man sich der dämonischen Gefahren bewußt, die in den Felswüsteneien lauern. Die Sage von der Teufelsmühle am Funtensee ist ein Beleg dafür aus unserer Gegend, wie gerade nicht erklärbare Naturphänomene so gedeutet werden. Manchem Klausner aber genügte es, abseits menschlicher Siedlungen, möglichst über ihnen, seine Klause zu errichten, wohin dann Menschen zu ihm pilgern konnten, so etwa am Nußlberg im Inntal zwischen Oberaudorf und Kiefersfelden. Noch im vorigen Jahrhundert lebte ein Klausner neben der Ruine Falkenstein (1200 m) zwischen Pfronten und Füssen. Als Ludwig II. auch dort ein Gegenstück zu Neuschwanstein bauen wollte und darum eine Straße anlegen ließ, wurde der Einsiedler kurzerhand zum Kantinenwirt für die Bauarbeiter ernannt.

Das wüste Land fand der Alpenländer an der Grenze der Vegetationszone. Das weite Hochplateau des Steinernen Meeres ist ja wirklich wüstes Land. Die Gefahren beim Überschreiten der unwegsamen Berge legten es nahe, eine Wallfahrt über diese Steinwüste mit dem Wüstenzug des alten Gottesvolks zu vergleichen. Ähnlich mußten auch die Santiago-Pilger manchen Gebirgspaß überqueren und keine Pilgerfahrt nach Rom konnte den Alpenpässen ausweichen. Die Pilgerwege waren immer auch, was besonders der Jakobsweg deutlich zeigt, Seelenreisen zum Ziel der Erlösung. Sowie der Ritter manche Abenteuer bestehen mußte, um die Huld seiner Angebeteten zu erlangen, müßte auch der, der Gottes Huld suchte, Erprobungen bestehen wie läuternde Initiationen. Die bekannten Prüfungen Taminos in Mozarts Zauberflöte haben auf dem Umweg über mittelalterliche Bau- und neuzeitliche Freimaurerorden etwas davon bewahrt.

Wenn Richard Voß in seinem Roman „Zwei Menschen“, im Roman der Judith Platter, den er verfremdend statt im Berchtesgadener Land in Südtirol spielen läßt, die fromme Mutter seines Helden ihre einsame Wallfahrt hoch in die Berge unternehmen läßt, die mit diesem mühseligen Opferweg im gefährlichen Wetter zwischen Spätsommer und Herbst, wo plötzlich Schneestürme übers Gebirg jagen, ihren Sohn auf den geistlichen Weg bringen will, dann hat er schwerlich einen andern Weg vor Augen gehabt als den übers Steinerne Meer vom Pinzgau nach Bartholomä. Der Sohn fand sie erfroren im Schnee, aber der Gewalt ihres Opfergangs konnte er sich nicht entziehen. Voß war ein Kritiker des katholischen Glaubens, aber auch ungewollt malt er uns erneut das Bild der Steinwüste mit ihrer Faszination für den suchenden Glauben, aber auch mit ihrer dämonischen Bedrohung vor Augen.

Blicken wir noch einmal zurück. Der strenge Monotheismus der biblischen Religionen mußte die Natur ihrer göttlichen Kräfte entkleiden. Die Folge war ihre Profanisierung, später im Geiste der Aufklärung ihre Deklassierung zum Objekt des ihr gegenüberstehenden menschlichen Forschergeists. Kultur war immer Herrschaft über die Natur, Bändigung ihrer Gefahren, ihre Verwandlung, um dem Menschen zu dienen. Die Bibel beruft sich dabei auf den Auftrag des Schöpfers: Machet euch die Erde untertan! Heute fragen wir erschrocken, ob der Mensch damit nicht zu weit gegangen ist, durch sein rücksichtsloses Eingreifen die unabdingbaren Voraussetzungen des Lebens gefährdet. Statt die Erde fruchtbarer zu machen, sieht er jetzt hilflos Wüste sich ausbreiten. Ein gedankenloser Massenalpinismus bedroht die Bergwelt.

Manche geben dem biblischen Glauben die Schuld, predigen die Rückkehr zu den Naturreligionen und ihrer Ehrfurcht vor den überall gegenwärtigen überirdischen Kräften. Aber wo liegt der wirkliche Sündenfall? Der eine Gott hat wohl die Unzahl der Geister aus der Welt vertrieben – oft bloß in den Aberglauben – aber nicht um sie gottlos zu machen, sondern damit er allein ihr Herr sei und als ihr Schöpfer geehrt werde. Solange Juden und Christen das hochhielten, ging ihnen die Ehrfurcht vor der Natur als Gottes Schöpfung nicht verloren. Erst als der Mensch Gott beiseite schob, verlor er das Maß. Wir müssen nicht in eine Alleinheit von Gott und Welt zurücksinken, um dieses Maß wiederzugewinnen. Wohl aber die Ehrfurcht vor dem Schöpfer und Gestalter der Welt wieder lernen. Nicht indem wir die Aussagen des biblischen Schöpfungsmythos in kleinkarierter Enge wörtlich nehmen, sondern indem wir staunend erkennen, wie das Trennen von Wasser und Trockenem des 3. Schöpfungstages in Jahrmillionen unsere Alpen aus der Tiefe des Meeres emportürmte, aus Billionen von Kleintieren ihre Kalkfelsen baute, wie auch heute die Festlandblöcke in unaufhörlicher Bewegung sind, wie Wasser, Sonne und Frost Steine abschlagen und ins Tal rollen, wie Bergwälder vor Steinlawinen schützen, wie ein hochsensibles System, das wir heute Öko-Haushalt nennen, einen liebenden, erhaltenden Willen dahinter ahnen läßt. Wenn wir das staunend in unserer Bergwelt wahrnehmen, wie Wallfahrer durch ihre Schönheiten und Gefahren pilgern, anbetend eingedenk all der Erfahrungen, die Menschen mit Gott „in der Wüste" machten, wird uns die Welt der Berge wieder ein Wegweiser zu Gott werden.

Impressionen
von der Wallfahrt
über das Steinerne Meer

Jmpressionen
von der Wallfahrt
über das Steinerne Meer

Impressionen
von der Wallfahrt
über das Steinerne Meer

Impressionen
von der Wallfahrt
über das Steinerne Meer

Die Böden entlang des Weges

Thomas Peer

1. „Der Boden als Quelle aller Güter und Werte“

(Zitat aus den 50 Chemischen Briefen von Justus von Liebig, 1844)

Seit Jahrtausenden pflügt und bepflanzt der Mensch den Boden, seine Entwicklungsgeschichte, seine Wanderungen und seine Kriege sind eng mit der Suche nach Nahrungsplätzen verbunden und leben in den Naturvölkern bis heute fort. Auch die Besiedlung der Gebirge war nur unter der Voraussetzung einer stabilen Bodenkrume möglich, die die Grundlage für Getreideanbau und Weidewirtschaft lieferte; entsprechend pfleglich wurde mit diesem kostbaren Gut umgegangen. In der heutigen Zeit haben sich die Wertvorstellungen zum Teil erheblich geändert: Der Erwerb von Grund und Boden bedeutet vor allem Prestige, Wohlstand und Macht, wofür der Boden rücksichtslos ausgebeutet und zerstört wird. Nur Wenige wissen, was sich unter ihren Füßen tatsächlich abspielt, welche Fülle an Lebewesen im Boden verborgen ist und welche enorme Bedeutung der Boden für das Gleichgewicht der Natur besitzt. Gerade im Gebirge, das mehr als andere Gebiete den Naturgewalten ausgesetzt ist und in dem die Bodenbildung auf Grund der ungünstigen äußeren Bedingungen nur sehr langsam vorangeht, können sich schon kleinste Störungen katastrophal für Mensch und Tier auswirken. So sind Vermurungen, Überschwemmungen und Mißernten in vielen Fällen nicht auf natürliche Ursachen sondern auf die Mißachtung der vielfältigen ökologischen Funktionen des Bodens im Naturhaushalt zurückzuführen.

Ohne Boden keine Wiese, kein Strauch, kein Baum – diese Gedanken kommen mir in den Sinn, wenn ich über die trostlos leere Hochfläche des Steinernen Meeres blicke. Was sind das für Kräfte, die den Boden entstehen lassen, die für Pflanzenwachstum und reiche Ernte sorgen? Mir fällt der fruchtbare Bauerngarten unten im Tal ein, in dessen dunkler und lockeren Krume schmackhaftes Gemüse und saftige Beeren reifen. In einer Hand voll Erde leben hier mehr Tiere als Menschen auf der Erde; unermüdlich zersetzen sie pflanzliche Abfallstoffe, erzeugen Mineralstoffe und neuen, hochwertigen Humus. Dieser Neuaufbau aus toter Substanz ist etwas Einmaliges in der belebten Natur. Schon GOETHE kannte diese Naturgesetze als er meinte: „Der Tod ist der Kunstgriff der Natur, neues Leben zu schaffen“ und „Wie alles sich zum Ganzen webt, eins in dem andern wirkt und lebt, wie Himmelskräfte auf und niedersteigen...“ (GOETHE, Faust), so liegt auch das Geheimnis des gesunden Bodens in einer wohlgefügten inneren Ordnung, in der die verschiedenen Kräfte des Ab- und Auf- und Umbaus harmonisch aufeinander abgestimmt sind.

Eingebunden in seine Umwelt, unterliegt der Boden einer ständigen Entwicklung, er ist das Ergebnis von Ausgangsmaterial (Gestein), Klima – insbesondere den Wasserverhältnissen –, Oberflächengestaltung (Relief), Tier- und Pflanzenwelt sowie menschlicher Tätigkeit. Diese äußeren Einflüsse, wie auch die im Boden ständig ablaufenden Prozesse, bestimmen letztlich dessen Qualität und Produktionskraft.

2. Der Weg über das Gebirge, bunte Vielfalt bodenkundlicher Formen

Der Aufstieg auf das Plateau des Steinernen Meeres, durch verschiedene Höhenstufen und Vegetationsgürtel, eröffnet immer wieder neue Facetten bodenkundlicher Ausprägung. Dort, wo noch Wälder die Hänge bekleiden, hat deren reichlicher jährlicher Bestandesabfall mächtige Streuauflagen mit mannigfaltigen Spuren pilzlicher und tierischer Zersetzung geschaffen. Während die frisch abgefallenen Blätter und Nadeln noch weitgehend intakt sind – nur hie und da sind erste Fraßspuren und Kotreste von Asseln (Isopoden), Springschwänzen (Collembolen), Hornmilben (Oribatiden), Zweiflüglerlarven (Dipteren) und Saftkuglern (Glomeriden) erkennbar –, weisen sie in den tieferen Schichten keine deutlichen Strukturen mehr auf, die Bodenstreu ist zum großen Teil in tierische Ausscheidungsprodukte umgewandelt und nimmt den durch Strahlenpilze (Actinomyceten) verursachten typischen Erdgeruch an. Durch das Zusammenwirken der verschiedensten Organismen ist ein hochwertiger Humus entstanden, dessen Nährstoffreichtum und milde Reaktion beste Voraussetzungen für ein üppiges Pflanzenwachstum sind.

Die Bodenbildung braucht ihre Zeit. Nur wenn eine ungestörte Entwicklung möglich ist, kann der Boden zur vollen Reife gelangen. Im Hochgebirge, wo äußere Kräfte wie Lawinen, Muren und Steinschlag das Relief immer wieder verändern, ist die Lebenszeit der Böden oft nur von kurzer Dauer. Speziell auf den leicht beweglichen, frischen Schutthalden am Fuße der Felswände und auf den Schotterflächen entlang der Bäche wird der Bodenaufbau immer wieder unterbrochen und die pflanzliche Besiedlung angehalten, weshalb derartige Flächen sehr lange kahl bleiben. Die verfestigten Grobschutt- und Grobblockhalden besitzen hingegen reifere Bodenbildungen und tragen bereits eine geschlossene Vegetationsdecke. Auf engstem Raum wechseln die unterschiedlichsten Bodentypen ab und zeichnen gemeinsam mit der Pflanzendecke die jeweiligen Entwicklungsstadien nach.

Wie kurzlebig die Bedingungen im Hochgebirge sind, zeigt der Aufstieg durch den Güßgraben zum Riemann-Haus; unter den Geröllfrachten des Baches liegen mehrere Generationen von Böden begraben, die an jenen Stellen, an denen sich der Bach anschließend wieder in die Tiefe grub, als dunkle Humushorizonte im Schotterkörper erkennbar sind. Die herausragenden dicken Wurzelreste weisen auf eine ehemalige Latschen- und Waldbedeckung hin.

Das Reh frißt nicht gierig das Gras, sondern äugt und lauscht und kostet da oder dort ein Blatt. Das Reh stinkt nicht aus dem Maul. So sauber, so elegant und edel. Wenn es hoch über Gräben oder Zäune springt, dann freut sich auch der liebe Gott.

Ambros Aichhorn

An einer anderen Stelle, ebenfalls im Wald, haben Windwürfe das Gestein bloßgelegt, der Boden klebt am Wurzelteller, wird von dort langsam abgewaschen und reichert sich in den Spalten und Mulden des Kalkuntergrundes an. Pflanzen dringen von den Rändern in den freigewordenen Raum ein und beginnen einen neuen Aufbau, bis schließlich die Lücke wieder vollständig zugewachsen ist. Die enge Nachbarschaft verschiedenster Standortbedingungen und die damit verbundene mannigfaltige Arten- und Altersstrukturierung sind ein wesentliches Merkmal des naturnahen Gebirgswaldes, der im Nationalpark Berchtesgaden noch an manchen Stellen zu bewundern ist. An niedergebrochenen Baumstrünken können alle Stadien der biologischen Zersetzung beobachtet werden: Vom Ablösen der Rinde über die allmähliche Überwachsung durch Moose bis zur Auflösung des inneren Holzkörpers und der vollständigen Humifizierung durch die Vermischung anorganischer und organischer Bestandteile im Darm der Regenwürmer. Am Ende zeugt nur mehr ein kleiner Hügel vom einstmaligen Baum, auf dem bereits zahlreiche Jungbäume eine neue Waldgeneration eingeleitet haben.

Der durch natürliche Ereignisse ausgelöste Neubeginn schafft jene Mannigfaltigkeit, die die Naturlandschaft so attraktiv erscheinen läßt. Den zahlreichen Organismen eröffnen sich damit neue Chancen in einem durchaus nicht immer friedlichen Zusammenspiel den Lebensraum neu zu strukturieren. Erst technische Eingriffe wie asphaltierte Straßen oder steile Ufermauern stoppen diesen Prozeß und bilden lebensfeindliche Barrieren, die in einer im hohen Maße schutzwürdigen Gebirgslandschaft, wie sie auch die Hänge oberhalb von Maria Alm darstellen, nichts verloren haben und zudem Unbehagen im ästhetischen Landschaftsempfinden hervorrufen.

Bleiben die Gehölze zurück und bestimmen alpine Rasen das Landschaftsbild, so verändern sich auch die Böden. Es fehlen die üppigen Bestandesabfälle und die klimaregulierende Wirkung der beschattenden Bäume. Die Temperatur- und Wasserverhältnisse sind extremer geworden, dennoch sind auch diese Böden von reichem Leben erfüllt. Steht reiner Kalk oder Dolomit an, so wird das klüftige Gestein ohne Übergang von einer mehr oder weniger dicken Humusschicht bedeckt. Der durch Huminsäuren tiefschwarz gefärbte Humushorizont setzt sich hauptsächlich aus dem Kot zahlreicher Gliederfüßer wie Hornmilben, Springschwänze, Saftkugler, Schnurfüßer und Käferlarven zusammen. Zwischen den Losungsstücken finden sich zahlreiche lose, fast unverwitterte Mineralkörnchen von Kalzit oder Dolomit. Dazu kommen stark zerbissene aber strukturell wenig veränderte Pflanzenreste. Diese Humusform wird als Moder, der entsprechende Bodentyp als „Moder-Rendzina" bezeichnet.

Der Einfachheit halber wird die Nomenklatur von KUBIENA (1953) verwendet. Inzwischen liegen zahlreiche weitere systematische Bearbeitungen von Böden aus Kalk- und Dolomitgebieten vor, so auch aus dem Nationalpark Berchtesgaden, die ein wesentlich differenzierteres System vorschlagen (vgl. BOCHTER 1984).

„Rednzina" ist eine polnische Bezeichnung für „Rauscheboden", da beim Pflügen dieses steinigen Bodens ein „Geräusch" verursacht wird.

Abbildungen Seite 57:

Oben links: Vom Schutt überdeckte Humushorizonte am Fuße des Steinernen Meeres.

Oben rechts: Zwischen dem Fels und der Pflanzendecke ist nur eine wenige Zentimeter dicke Humusschicht ausgebildet.

Mitte links: Aus silikatischem Verwitterungsmaterial hervorgegangener Lehmboden.

Mitte rechts: Sich auflösende Rasendecke. Die Humus- und Pflanzensäuren haben den anstehenden Fels gerundet.

Unten links: Kleine Rasensoden durchsetzen die Karstlandschaft.

Unten rechts: Wertvolles Bodenmaterial verschwindet in einer Karstspalte.

Die Einteilung der Rendzinaböden erfolgt in erster Linie nach dem Zersetzungsgrad der organischen Substanz und nach dem Mischungsverhältnis von Streu, Humus, Verlehmungsprodukten und Gesteinsabrieb. Durch die biogene Tätigkeit bildet sich im Laufe der Zeit eine typische Abfolge aus: Ganz oben die frisch gefallene Laub- oder Nadelstreuauflage (**L**-Horizont), darunter Streupakete mit amorpher organischer Feinsubstanz (**O**-Horizont) und schließlich der schon zum Mineralboden gehörende humusreiche, intensiv durchmischte **A**-Horizont. Rendzinen unter Wald und Zwergsträuchern sind durchwegs **L** - **O** - **A** - **C** - Böden (**C** ist das feste Ausgangsgestein), unter Rasen sind es **O** - **C** oder **O** - **A** - **C**-Böden.

Bei Vorhandensein schwer abbaubarer Nadelstreu entwickelt sich an manchen Stellen die sog. „Tangelrendzina". Zwischen den unzersetzten Pflanzenresten finden sich – im Gegensatz zum Rohhumus – vereinzelt kalzitreiche Losungspakete von Regenwürmern. Sie reichen jedoch nicht aus, die bei der Zersetzung der organischen Substanz frei werdenden starken Säuren zu neutralisieren. Daher sind die Streuauflagen meist sehr sauer und werden von Zwergsträuchern wie Heidelbeere (Vaccinium myrtillus), Preiselbeere (Vaccinium vitis-idaea) und Rauschbeere (Vaccinium gaultherioides) sowie verschiedenen säureanzeigenden Moosen, Blatt- und Krustenflechten besiedelt. Durch die Trockenheit wird die Entwicklung von Pilzmyzelien begünstigt, die eine wesentlich geringere Abbauleistung besitzen als die Bodentiere, sodaß Humusmächtigkeiten von über 30 cm erreicht werden. Erst in größerer Bodentiefe nimmt die mikrobielle Tätigkeit zu und das Rohmaterial geht in einen basenreichen feucht-schmierigen Mull über. Durch pollenanalytische Untersuchungen konnte festgestellt werden, daß für die Entwicklung einer reifen Tangelrendzina 3000 bis 4000 Jahre notwendig sind. Ihr Auftreten oberhalb der heutigen Baumgrenze bedeutet daher, daß der Wald früher weiter hinaufgereicht haben muß.

Es gibt einen Weg, der deiner ist. Er, der dich bei deinem Namen gerufen hat, hat sich dabei etwas gedacht. Du sollst einen Weg gehen, den sonst niemand geht, wenn du ihn nicht gehst. Wie der Wallfahrtsweg Ursprung und Ziel hat, so wird auch uns der Mut zugetraut, heimzufinden. Wohin gehst du? – Immer nach Hause. Ist der Himmel verhangen und düster, sind alle Markierungen vom Schnee zugeweht und kein Stern am Firmament! Du hast keine Spur nach vorne und keine zurück. Wohin du auch irrst, du sollst in seine gütigen Vaterhände fallen. Wohin du auch irrst – einer geht mit dir. Er ist die einzige Tür, der einzige Eingang und der einzige Ausgang, der nicht im Tode endigt.

Ambros Aichhorn

Eine weitere Besonderheit der alpinen Grasheidenstufe ist die an feuchtere Lagen gebundene „Alpine Pechrendzina". Ihre hauptsächlich aus Springschwanzlosung zusammengesetzte tiefschwarze Humusschicht (Springschwänze bevorzugen im Gegensatz zu den Hornmilben ein etwas feuchteres Milieu) ist biologisch hoch aktiv und daher vollkommen frei von unzersetzten Pflanzenresten. Durch die reiche mikrobielle Kohlensäureproduktion haben sich die im Humus verteilten Kalzitsplitter vollkommen aufgelöst.

Bilden hingegen lehmige Verwitterungsschichten das Ausgangsmaterial, so sind die Böden tiefgründiger und neigen durch das dichte Gefüge zur Vernässung. Zwischen dem humusreichen **A**-Horizont und dem Gestein (**C**-Horizont) ist ein gelbbraun bis rotbraun gefärbter mineralischer **B**-Horizont eingeschaltet. Die Lehmschichten sind teilweise reliktisch und stammen aus Lösungsrückständen des Dachsteinkalkes während warm-feuchter Klimabedingungen (Tertiär), teilweise sind sie auf die Verwitterung tonreicher Liasgesteine zurückzuführen. Auch durch Wind- oder Flußablagerung kann silikatisches Deckenmaterial abgelagert werden. Je nachdem wird in der systematischen Bodenkunde zwischen dem sog. „Kalksteinbraunlehm" (entspricht der „Terra fusca" nach KUBIENA) – einem

Abbildungen Seite 59:

Oben links: In den Mulden angeschwemmtes lehmreiche Bodenmaterial dichtet den Untergrund ab und ermöglicht die Ausbildung kleiner Raseninseln.

Oben rechts: Streuansammlungen in den Karstrinnen bilden günstige Voraussetzungen fur eine Humusbildung.

Unten links: Mit Hilfe der Bodenorganismen bildet sich im Inneren der Pflanzenpolster Humus, der den Wurzeln als Nährstoff- und Wasserspeicher dient.

Unten Mitte: Gelingt es den Bäumen und Sträuchern Fuß zu fassen, so ist damit ein wesentlicher Schritt zur Wiederbewaldung geschafft.

Unten rechts: Felsspaltenpflanzen müssen mit geringsten Bodenmengen auskommen.

zähen, plastischen, ockerbraun bis rotbraun gefärbten Lösungsrückstandsboden –, und der durch geringere Mineralverwitterungsintensität gekennzeichneten „Braunerde auf Kalk“ unterschieden. Lehmreiche Bodenbildungen füllen vornehmlich die Karsthohlformen aus und fallen als grüne Raseninseln in der Karstlandschaft auf.

Aber auch die Felsen selbst sind trotz ihrer Lebensfeindlichkeit immer wieder von höheren Pflanzen besiedelt, die mit ihrer Blütenpracht einen Einblick in die wunderbare Welt schöpferischen Schaffens geben. Dadurch, daß die Felsoberfläche niemals vollständig glatt ist, können vom Wind angewehte Sporen von Algen, Moosen und Flechten auskeimen. Sehr bald stellen sich Fadenwürmer (Nematoden) und Rädertiere (Rotatorien) ein durch deren Tätigkeit die abgestorbenen Reste der Flechtenlager verarbeitet werden. Erst wenn sich Moospolster angesiedelt haben, die sowohl Feuchtigkeit als auch Staub- und Sandteilchen festhalten, setzen Wimpertierchen (Ciliaten) und Hornmilben (Oribatiden) die Bodenbildung fort. Beschleunigt wird die Besiedlung der Felsflächen durch die Nähe von grus- und humusreichen Spalten, in die sich die Bodentiere bei Trockenheit zurückziehen können und in denen sie durch die abgestorbenen Reste der Felsspaltenpflanzen ausreichend Nahrung finden. Diese günstigen Lebensbedingungen führen zu einem raschen Anstieg der Bodenbewohnerdichte, die jedoch bei Erreichen der Nahrungskapazitätsgrenze oder anderen Einschränkungen wie Temperaturstürze oder Fröste plötzlich wieder zusammenbrechen kann. Derartige extreme Bestandesschwankungen sind ein typisches Merkmal für die rasch wechselnden Verhältnisse an Grenzstandorten und setzen kurzfristig anpassbare Gesellschaftsformen voraus. Bleibt genug Zeit, so übernehmen Saftkugler und Schnurfüßer, z. T. auch Regenwürmer die Vermischung anorganischer und organischer Teilchen, durch deren Ausscheidungsprodukte die Bedingungen für die höheren Pflanzen immer günstiger werden. Je dichter die Vegetation zusammenrückt, desto reicher ist das Tierleben und um so mehr Humus wird erzeugt[1]. Schließlich können, sofern es die klimatischen Verhältnisse zulassen, erste Sträucher und Bäume Fuß fassen. Sie führen mit ihrem Laub dem Boden weiter organische Substanz zu, vermindern Wasserverluste durch Beschattung und schließen die Nährstoffe tieferer Spalten durch ihre Wurzeln auf.

1) Der österreichische Bodenkundler Herbert FRANZ (1950) zählte in einem Quadratmeter Kalk-Rasenboden in 2100 m Höhe 1,8 Mio. Fadenwürmer, 245 000 Rädertierchen, 3500 Milben, 2600 Springschwänze, 140 Insektenlarven und 70 Regenwürmer.

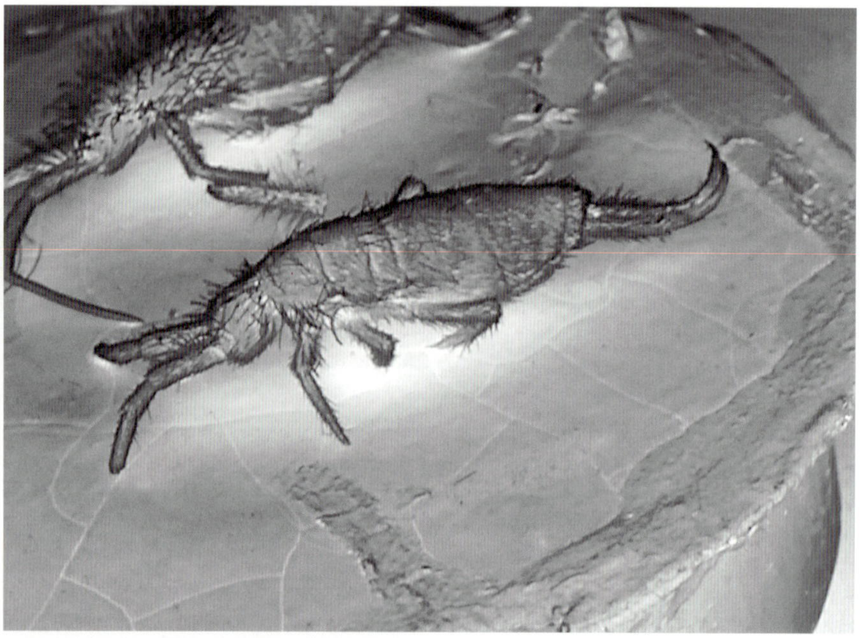

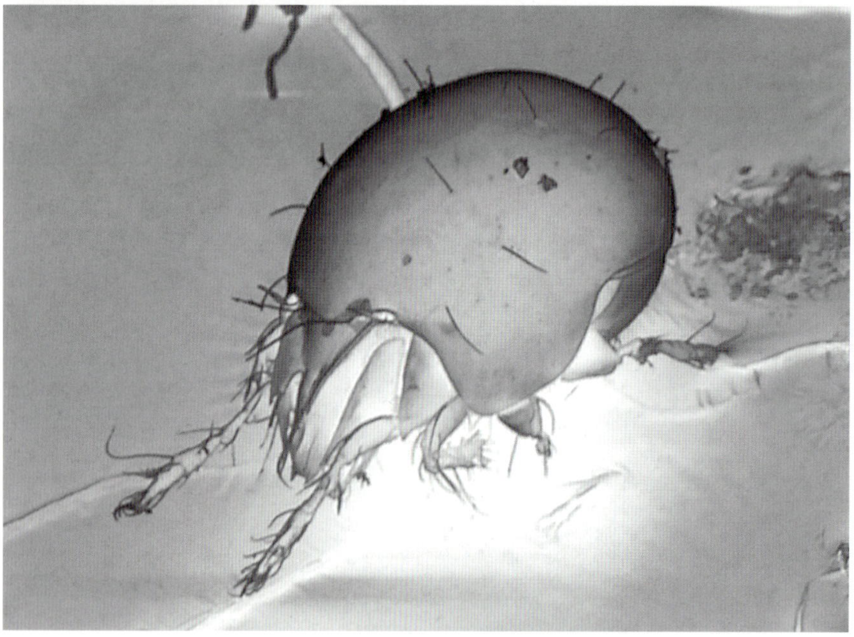

Abbildungen:

Oben links: Lebensfeindliche Karstlandschaft am Steinernen Meer.

Oben rechts: Rasterelektronenmikroskopische Aufnahme eines Springschwanzes (Collembola), natürliche Größe: 4–5 mm.

Links: Rasterelektronenmikroskopische Aufnahme einer Hornmilbe (Oripatida) natürliche Größe 0,5 mm.

Allmählich wandelt sich so die flachgründige und steinige „Protorendzina" in eine „Moder- oder Mullrendzina" um, deren Humusschicht durch eine mehr oder weniger intensive Durchmischung oranischer und anorganischer Gemengteile charakterisiert ist.

3. Boden und Karst

Die Rast auf einem Rasenpolster inmitten der flimmernden Karstfläche drängt die Frage auf, ob es sich hierbei um einen letzten Rest einer ehemals großflächig ausgebildeten Vegetationsdecke handelt oder um die Rückeroberung der Karstfläche durch Boden und Pflanzen nach dem oben geschilderten Entwicklungsmuster? Sowohl für die eine als auch für die andere Theorie gibt es Anhaltspunkte. Auffällig ist, daß die Vertiefungen auf der Felsoberfläche einmal rund sind, was auf eine Bildung unter Bodeneinfluß hindeutet (Rundkarren), dann sind sie wieder scharfkantig, d. h. ohne schützende Boden- und Vegeta-....tionsdecke entstanden (Karrendornen, Rinnen- und Mäanderkarren). Auch kombinierte Formen gibt es, bei denen die Rundkarren scharfkantig überformt sind, ein Vorgang, der mit der nachträglichen Freilegung infolge Entwaldung und Bodenabtrag in Zusammenhang steht. Gut ausgebildete Rundkarren reichen an der Nordostabdachung des Steinernen Meeres bis in eine Höhe von 2000/2100 m und zeugen von einer ehemaligen Bewaldung. Ist einmal die Vegetationsdecke aufgerissen, so kann deren Auflösung an vielen Stellen beobachtet werden. Sofern das Bodenmaterial in Spalten verschwindet, ist damit ein unwiederbringlicher Verlust für das Fortkommen höherer Pflanzen verbunden. Die in den letzten Jahren festgestellten massiven organischen Verunreinigungen mancher Karstquellen deuten eine derartige Dynamik an.

Zum Glück gibt es auch andere Erscheinungen. Sie äußern sich in den zahlreichen mit bunten Alpenpflanzen gefüllten Hohlformen – oft nicht größer als Blumentöpfe –, die Ausgangszellen für die Wiederbegrünung des Karstplateaus darstellen. Die Polsterpflanzen leben von angeschwemmter Streu und Mineralteilchen und bauen mit Hilfe der Bodenorganismen allmählich einen neuen Boden auf. Dieser mühsame Weg wird durch äußere Einflüsse, wie Starkregenereignisse, aber auch die Unbedachtsamkeit des Wandereres, der vom Weg abweicht, immer wieder unterbrochen, wodurch das, was in vielen Jahrzehnten aufgebaut wurde, in wenigen Sekunden wieder zerstört wird. An der Grenze pflanzlichen und tierischen Lebens ist „Landgewinn" nur in extrem langsamen und kleinen Schritten sowie durch ein perfekt abgestimmtes Zusammenspiel der Organismen möglich. Da Reserven nicht vorhanden sind, endet jede kleinste Störung meist mit einer Katastrophe.

4. Bodenlos?

Unser Verhältnis zur Natur ist kein selbstverständliches mehr, zu sehr unterliegen wir den Gesetzen der technischen Machbarkeit und haben verlernt, daß die Begegnung mit der Natur zu den Grundbedingungen einer gesunden menschlichen Existenz gehört. Meistens sind es Katastrophen, die zu Nachdenkpausen anregen, letztlich aber rasch wieder vergessen werden. Wie wertvoll der Boden ist, kann nur der ermessen, der von den Produkten des Bodens leben muß bzw. um seine vielfätigen ökologischen Funktionen im Naturhaushalt Bescheid weiß. Die Umsetzung organischer Abfälle im Boden ist dabei genau so wichtig wie die Bereitstellung eines hochwertigen Nährsubstrates für die Pflanzen oder die Reinigung der in den Untergrund versickernden Oberflächenwasser. „Bodenlos" bedeutet nicht nur den Verlust der Lebensgrundlage sondern auch Absturz ins Ungewisse und Leere. Die Wanderung durch das Steinerne Meer zeigt an vielen Stellen wie sehr der Boden fördernd, verbessernd und nachhaltig in das Naturgeschehen eingreift, aber auch wie leicht dieses System verletzbar ist. Wer sich Zeit nimmt, den Boden in seinem Aufbau zu studieren, das emsige Treiben der Bodentiere zu beobachten oder den Verlauf der Pflanzenwurzeln auf ihrer Suche nach Wasser und Nährstoffen zu verfolgen, dem werden die vielfältigen Beziehungen biologischer Mechanismen bewußt werden und der wird dies als Ausdruck eines phantastischen Schöpfungsplanes begreifen.

Es liegt in unserer Hand, ob wir dem Schiffbrüchigen gleich mit dem Erreichen der rettenden Küste wieder „festen Boden" unter unseren Füßen spüren oder ob wir ins „Bodenlose" abstürzen. Möge die Wallfahrt dazu beitragen, auch unseren Geist und unsere Seele zu einem besseren Einklang mit der Natur und der Schöpfung zu führen.

Quellenverzeichnis

BOCHTER, R. (1984): Böden naturnaher Bergwaldstandorte auf carbonatreichen Substraten. Forschungsbericht Nr. 6, Nationalpark Berchtesgaden, 212 S.

FRANZ, H. (1950): Die Tiergesellschaften hochalpiner Lagen. Biol. Generalis, 18, 1–29.

ILLIES, J. (1985): Gottes Welt – in unserer Hand. Herderbücherei Bd. 1232, 125 S.

KUBIENA, W. (1948): Entwicklungslehre des Bodens. Springer-Verlag, Wien, 215 S.

– (1953): Bestimmungsbuch und Systematik der Böden Europas. Ferdinand Enke-Verlag, Stuttgart, 388 S.

KÜHNELT, W. (1950): Bodenbiologie. Herold-Verlag, Wien, 368 S.

ODUM, E. P. (1980): Grundlagen der Ökologie, 2 Bde., Georg Thieme Verlag, Stuttgart-New York, 836 S.

SCHWARZ, Ch. (1988): Karst und Vegetation im Testgebiet Funtensee. Unveröff. Diplomarbeit, Universität Salzburg.

Psalm 148

Alles, was ist, soll einstimmen
in ein Lied der Freude über Gott.
Stimmt ein, singt mit,
alle, die oben sind, in der Höhe!

Singt mit, ihr Engel
und das ganze Heer Seiner himmlischen Diener.
Singt mit, Sonne und Mond!
Singt mit, ihr leuchtenden Sterne.
Singt mit, ihr Welten, die Gottes Wohnung sind.
Singt mit, ihr unendlichen Räume im All.
Sie sollen den Herrn rühmen,
denn sie sind sein Werk.

Stimmt ein, singt mit,
alle, die ihr unten auf der Erde seid,
bis hinab zu den Ungeheuern in der Tiefe des Meeres!
Singt mit, Gewitter und Hagel!
Singt mit, Schnee und Nebel!
Singt mit, du Sturmwind,
der seinen Willen ausrichtet!
Singt mit, ihr Berge und Hügel,
ihr Fruchtbäume und ihr Zedern,
ihr wilden Tiere und ihr Tiere im Haus!
Singt mit, Würmer und gefiederte Vögel!

Stimmt ein, singt mit,
ihr Könige der Erde und ihr Völker alle!
Ihr Fürsten und ihr Richter,
die die Erde ordnen.
Ihr jungen Männer, ihr jungen Frauen,
ihr Greise mitsamt den Kindern!
Sie sollen den Herrn rühmen,
denn er allein hat die Macht.
Seine Hoheit glänzt über der Erde
und über dem Himmel.
Er wird seinem Volk Kraft geben
und sein Glanz wird ein Licht sein
für alle, die ihm zugewandt sind.
Rühmet den Herrn!

Meditationen zur Erde und was sie hervorbringt

Wolfgang Höhne

„Und die Erde war Chaos. Und Gott sprach: Es werde …" (Genesis 1,1)

Das Chaos lauert
und impft, was ist,
mit einem Todeskeim.

Es triumphiert
mit einem kalten Lachen
und reißt, was werden will,
in seinen Schlund.

Der Sieg scheint sicher –
die Elemente beugen sich
voll Demut
ohne Widerspruch.

Und keiner ahnt
den Hauch von einem andern Ufer –
den Hauch mit einem andern Sinn –
wie mitten unter vielen Trümmern
ein Wort voll Urkraft leuchtet.

„Und Gott sprach:
‚Die Erde lasse aufgehen
Gras und blühendes Gewächs ...'" (Genesis 1,6)

Der Ruf nach Neuem
findet einen Widerhall.
Er streift die Felsen der Versagung –
berührt die Klüfte
und siedelt da, wo nichts ist,
Hoffnung an.

Er ruft den Staub, den namenlosen,
und seine wesenlosen Teile
und lädt ihn selbst zur Freundschaft ein.

Er spricht zu ihm das nie Gesagte
von einem nie gehörten Klang –
und übergibt das nie Gedachte
in seine ungeübte Hand.

So regt sich unter vielen Schmerzen
in Wollust seines Widerspruchs
ein erstes Moos,
ein jungfräuliches Grün
und jede Zelle jauchzt:
„Ich lebe".

„Und Gott sprach:
‚Die Erde bringe hervor lebendiges Getier – ein jeder nach seiner Art – Vieh, Gewürm ...'"
(Genesis 1,24)

Erdenstaub
ich schüttle dich ab von meinen Füßen –
ich kehre dich hinaus aus meinen Türen
und lege auf dich das Kreuz der
Verachtung.

Staub der Erde –
vergeblich suche ich deinesgleichen
unter einem Meer von Sternen –
staunend entdecke ich deine Berufung
heilige Erde:
Mitgestalterin eines Mysteriums
ohnegleichen –
Mutter der Vielgestalt
und der unbegreiflichen Fülle –
Ursprung und Ende
aller Dinge aus irdischem Stoff.

Ich bekenne voll Scham,
daß ich blind war:
Ich zertrat einen Wurm –
ist er nicht ein Diener deiner
dunklen Geheimnisse?
Ich zerbrach das Haus
einer Schnecke –
ist sie nicht eine Botin
deines Schutzes und deiner
Bewahrung?

Ich verscheuchte am Weg
den schwarzen Salamander
und begrenzte den Freiraum,
den du deinen Schützlingen schenkst,
Erde – Mutter und Schwester
zugleich.

„Und Gott segnete sie und sprach zu ihnen:
‚Füllt die Erde, und macht sie euch untertan und herrscht ...'“ (Genesis 1,28)

Mensch –
Krone der Schöpfung –
Macher, du formst und gestaltest
die Erde,
wie es dir gefällt –
Allmächtiger, du bildest Menschen
nach deinem Bild:
alle Welt ist stolz auf dich –
du hast es weit gebracht –
du brauchst keinen Gott mehr –
du bist selbst wie ein Gott.

Mensch –
Fiasko der Schöpfung –
Opfer des eigenen Wahns
und der grenzenlosen Verführung –
Ohnmächtiger vor der Walze
des Krieges
und dem Hunger der Kinder:
mich schaudert vor dir.
Wenn Gott ist, der er ist,
bist du seiner nicht wert.

Ich bin gespalten
und zerrissen vom Zweifel.
Fragen fallen über mich her
und verwehren mir jede Antwort,
bis ich entdecke:
Ich bin selbst der Gefragte:

Bin ich nicht erd-geboren
und trage zeitlebens
die Handschrift meiner Mutter
in mir?

Bin ich nicht gott-gerufen
und bleibe zeitlebens
ganz Ohr
für ihn?

Das Rätsel der Herrschaft
ist kunstvoll verschlüsselt:
Die Erde braucht Menschen,
die ihr sich verschreiben.
Nur der Diener ist Herr
und ist frei.

„Und Gott sah,
daß es gut war.“ (Genesis 1,25)

Ich sehe mit nüchternem Blick
gestärkt durch Erfahrung:

Alles was leuchtet,
wirft seine Schatten.
Alles was lebt,
hinterläßt eine tödliche Spur.
Und selbst das Lebendigste
versinkt in Verneinung.

Doch dem Wankenden blüht eine Hoffnung:
Alles Lebendige
lebt seinen eigenen Wert.
Alles Lebendige
lebt seinen möglichen Sinn.
Denn alles Lebendige
lebt aus der Tiefe
einer ewigen Bejahung.

So sieht es der göttliche Blick
und nennt seine Geschöpfe –
ergriffen von Zärtlichkeit –
gut.

Das Steinerne Meer – ein Meer ohne Wasser

Ewald Langenscheidt

Die einzelnen Bänke des Dachsteinkalkes, die an manchen Stellen hintereinander aufgereiht erscheinen wie Wellen, gaben dem Steinernen Meer seinen Namen. Auch gibt der Name einen Bezug zu der Entstehung des Steinernen Meeres: der Dachsteinkalk, der das Hauptgestein ist, bildete sich in einem flachen, warmen Meer.

Heute jedoch ist im Steinernen Meer das Wasser eine Seltenheit. Nur während der Schneeschmelze und nach Regenereignissen sind Wasserpfützen zu sehen. Eine Quelle, wie die Wunderquelle in der Nähe des Salzburger Kreuzes, ist in der Hochfläche eine große Ausnahme. Auch erscheinen an den Rändern des Steinernen Meeres nicht gerade zahlreiche Quellen. Betrachtet man die Menge an Niederschlag, die im Verlaufe eines Jahres auf das Gebiet des Steinernen Meeres fällt und die Schüttungen der Quellen rund um das Steinerne Meer, so muß man feststellen, daß nur ein kleiner Teil des Niederschlagswassers wieder zutage tritt, der größere Teil dagegen bleibt verschwunden und fließt unterirdisch ab.

Aber dennoch ist das Wasser oder vielmehr seine Spuren überall gegenwärtig. Durch das im Regenwasser enthaltene Kohlendioxid wird das Kalkgestein gelöst. Dabei ist die Geschwindigkeit, mit der die Kalklösung stattfindet, direkt mit dem Gehalt an Kohlendioxid des Wassers in Zusammenhang zu bringen. Kohlensäurereiches Wasser kann mehr und schneller den Kalk angreifen. Besonders wenn das Niederschlagswasser durch eine Bodendecke hindurchgesickert ist, kann es sehr viel Kohlensäure enthalten. Diese wird vom Wasser dabei aus der Bodenluft aufgenommen. Dringt dieses Wasser dann in das darunterliegende Gestein ein, kann es sehr viel Kalk lösen. Somit können unter Boden und Vegetation ausgeprägte Verkarstungserscheinungen entstehen. Tritt dieses kalkreiche Wasser später wieder einmal in direkten Kontakt zur freien Luft, verliert es einen Teil seiner Lösungsfracht an Kalk. Geschieht dies in einer Höhle, entstehen Sinterbildungen wie beispielsweise Tropfsteine.

Es entsteht so unter Bodenbedeckung ein reicher Karstformenschatz, der von großen Karren beherrscht wird. Ohne Bodenbedeckung bilden sich auf den großen Karren oftmals die kleinen Firstkarren. Besonders auffällig sind auch die ihrer Form nach benannten Trittkarren in der Umgebung des Rotwandls, die sich in beinahe ebene Flächen hineingelöst haben. Im allgemeinen gehen diese Lösungsvorgänge ohne zusätzliche Kohlensäure aus der Bodenluft sehr langsam von statten. Für die flächige Kalklösung kann man von einem Wert von 1 mm je 100 Jahren ausgehen. Gleichzeitig werden durch solch kombinierte Karstformen aber auch jüngste Entwicklungen deutlich. Unter Bodenbedeckung entstanden die großen Karren, der Boden wurde erodiert und kleinere Karstformen überprägen heute nun die älteren. Besonders in der Umgebung des Funtensees und im Gebiet der verfallenen Feldalmen kann man an vielen Orten solche Beobachtungen machen.

Aber auch kleinste Klüfte und Spalten im Gestein werden durch das einsickernde Wasser erweitert, bis schließlich große Höhlensysteme entstehen. Diese bilden sich meist nahe des Grund- oder Karstwasserspiegels, es kann daher durch die Höhenverteilung der Höhlen im Steinernen Meer auf die Ausbildung mehrerer aufeinanderfolgender und zeitweise gleichbleibender Karstwasserspiegel geschlossen werden. Heute werden diese Höhlen, die ehemals vollständig mit Wasser erfüllt waren, in den verschiedenen Stockwerken nur mehr im Sinne von Zubringern genutzt. Das Wasser fließt in manchen Teilen auf seinem Weg zum heutigen Karstwasserspiegel durch sie hindurch.

Am Nordrand des Steinernen Meeres, im Simetsberg, lassen sich diese Verhältnisse gut beobachten. Die dort gelegene Salzgrabenhöhle wird in manchen Bereichen vom Wasser durchflossen, an einer Stelle gibt es sogar einen richtigen Wasserfall. Woher das Wasser dort kommt und wohin es fließt, kann bisher nur vermutet werden. Es erscheint aber aufgrund der doch recht großen Wassermenge möglich, daß ein großer Teil des Steinernen Meeres durch die Salzgrabenhöhle entwässert. Ebenfalls denkbar wäre ein Zusammenhang mit der Teufelsmühle am Funtensee, wo das Wasser des Sees in einem Schluckloch verschwindet. Wohin das Wasser nach dem Durchfließen eines Teils der Salzgrabenhöhle fließt, ist unbekannt. Die Quellen am Königssee wie das Schradelloch oder der Grünseebrunnen, erreichen nicht die Schüttungen, mit denen das Wasser durch die Salzgrabenhöhle fließt.

Auch im Ledererkar in der Umgebung des Funtensees, lassen sich interessante Beobachtungen machen. Nach niederschlagsreichen Tagen fließt dort ein kleiner Bach wenige Meter an der Oberfläche und verschwindet dann im Fels. Über eine weite Strecke kann man aber den Lauf des Wassers noch verfolgen, deutlich ist sein Rauschen im Untergrund zu hören.

Abbildung Seite 66:
In einer großen Karsthohlform liegt der Funtensee.

Blatt- und blütenlos sind die kahlen Wände, kantig und hart die nackten Steine. Stein ist nicht bloß Stein. Jeder hat seine Geschichte: unter welchen Bedingungen er entstanden ist und welche Reise er hinter sich hat. Diese hier erzählen aus uralten Zeiten wundersame Ereignisse in tiefen und flachen Meeren, wo es wimmelte von Tieren aller Art. Steine können reden. Außerdem künden sie von Seiner Herrlichkeit.

Ambros Aichhorn

Ähnliche Verhältnisse sind auch an der verfallenen Simetsbergalm oder bei der ehemaligen Grüberl – Diensthütte zu bemerken, wo ebenfalls kleine Bäche nach nur kurzem Lauf an der Oberfläche im Untergrund verschwinden.

Die Anlage der Höhlen im Steinernen Meer ist sehr alt. Schon vor 30 Millionen Jahren begann in Zusammenhang mit der Landschaftsentwicklung die Entstehung der ältesten Höhlen. Zu dieser Zeit war auch das Salzachquertal noch nicht eingebrochen und so konnten sich Flüsse, die ihren Ursprung in den Zentralalpen hatten, ausbreiten. Reste ihrer Geröllfracht sind die Augensteine, die als kleine Schottervorkommen noch an manchen Stellen auf der Hochfläche aufzufinden sind. Mit der Hebung des Gebirges schnitten sich die Flüsse immer tiefer ein, damit sank auch der Karstwasserspiegel im Berg und ein neues Höhlenstockwerk entstand. An der Oberfläche setzte die Verkarstung ein. Mit dem Einbrechen des Salzachquertales veränderten sich die Verhältnisse rapide. Die Flüsse wurden abgeschnitten und aus dem Steinernen Meer selbst fand eine Entwässerung nach Süden statt. Als Relikte aus dieser Zeit müssen die höhergelegenen Quellen am Südrand des Steinernen Meeres angesehen werden. Langsam kehrte sich dann die Entwässerungsrichtung wieder um und heute findet die Hauptentwässerung nach Norden statt. Selbst aus der Umgebung des Dießbachstausees wurden Verbindungen mit dem Wimbachtal nachgewiesen. Die tiefergelegenen Quellen am Südrand des Steinernen Meeres gehen auf einen Gesteinswechsel zurück. Die dort in den tieferen Lagen anstehenden Werfener Schichten wirken als Wasserstauer und lassen das Wasser in verhältnismäßig geringen Mengen aus dem Gebirgsstock austreten. Dennoch wird dadurch Almwirtschaft ermöglicht.

Beim Anstieg von Süden in das Steinerne Meer werden diese verschiedenen Zonen durchquert. Zunächst geht es bachaufwärts entlang des Grießbaches, der verschiedene seitliche Zuflüsse erhält, die auf Quellen in oder knapp über den Werfener Schichten zurückgehen. Schließlich wird die Bilgerirast erreicht, in ihrer Umgebung entspringt das Fürstenbrünnl. Für längere Zeit ist dies die letzte Möglichkeit, den Wasservorrat zu ergänzen. In trockenen Sommern versiegt auch die Wunderquelle auf dem Hochplateau, so daß es erst am Funtensee wieder Wasser gibt. Der See selbst in dem ansonsten vollverkarsteten Gebiet

Abbildungen Seite 68:

Links: Wasser ist im Steinernen Meer eine Seltenheit.

Rechts: Ein Karsttisch im Steinernen Meer.

Abbildungen Seite 69:

Oben links: Spuren, die das Wasser hinterläßt. Das Kalkgestein wird gelöst.

Oben rechts: Im Tal des Schrainbaches.

Mitte rechts: Am Königssee.

Unten links: An ebenen Stellen bildet das Regenwasser Pfützen. Es löst den Kalk.

Unten rechts: Firstkarren überziehen größere Karstformen.

ist eine Besonderheit. Die Abdichtung des Untergrundes erfolgt hier durch Seetone, die sich auf noch gefrorenem Untergrund direkt mit dem Abschmelzen der Gletscher der letzten Eiszeit abgelagert haben. Ihre Verbreitung zeigt eine ehemals wesentlich größere Ausdehnung des Funtensees an, er dürfte sich bis knapp an den Abzweig des Weges zum Grünsee vom Weg Funtensee – St. Bartholomä erstreckt haben. Heute bestehen Wasserzuflüsse zum Funtensee aus Südosten durch den Stuhlgraben und den Rennergraben. Möglicherweise entwässert auch das Gebiet westlich und südlich des Sees in den Funtensee. Der Abfluß des Sees erfolgt durch die Teufelsmühle. Störungen im Gebirgsbau und vorherrschende Kluftrichtungen im Dachsteinkalk legen einen Zusammenhang mit den Gerinnen der Salzgrabenhöhle im Simetsberg und den Quellen des Grünseebrunnens und Schradelloches am Königssee nahe, was allerdings noch nicht durch geeignete Versuche nachgewiesen ist.

Am weiteren Weg nach St. Bartholomä entspringt der Schrainbach unterhalb der Saugasse aus einem Bergsturzgebiet. Besonders auffallend ist die relativ große Schüttung dieser Quelle, die im Blockwerk des Bergsturzes verborgen liegt. Sowohl das Steinerne Meer wie auch der Watzmann dürften diese Quelle speisen. Der weitere Weg folgt nun dem Schrainbach, bis er steil in den Königssee abstürzt. In der letzten Linkskehre des Weges vor Erreichen des Königssees wird die formende Kraft des Wasser noch einmal deutlich vor Augen geführt: eine kleine Naturbrücke überspannt den Schrainbach, er hat sich gleichsam durch die Felsbarriere hindurchgearbeitet.

Schließlich wird der Schwemmfächer von St. Bartholomä und das Ufer des Königssees erreicht. Im Einzugsgebiet des Königssees und rund um den See selbst dominiert der Dachsteinkalk als anstehendes Gestein. Da der Dachsteinkalk nahezu rückstandslos verkarstet, gelangt kaum Trübe in den See. Diese Tatsache ist mit für die Reinheit des Seewassers, die Wasserqualität ist entsprechend sehr gut, und für die nur geringe Sedimentbildung am Seeboden verantwortlich.

Abbildungen:

Oben: Das Achental in der Salzgrabenhöhle. Wasser fließt im Berg.

Unten: Der Brillengang in der Salzgrabenhöhle. Auch diese Formen wurden durch Wasser geschaffen.

Wasser

Ilsemarie Weiffen RSCJ

Wallfahrt über das Steinerne Meer – denkt da nicht einer, der es nicht kennt, zuerst an Wasser? Meer – Wasser soweit man sehen kann, schäumendes, tosendes, brausendes Wasser ... Beim Weg durch das Steinerne Meer muß der Weg durchs Wasser führen ... Doch weit gefehlt: nach einem mühsamen, steilen Aufstieg von Maria Alm aus findet man nichts als Steine – außer vielleicht ein paar Schneeflecken, die von Wasser künden – Steine soweit das Auge reicht – das Steinerne Meer.

Wasser in Fülle gab es hier nur zur Entstehungszeit dieses steinernen Gebirges; aus Organismen, die im Wasser lebten, entstand der Dachsteinkalk, wie ihn die Geologen nennen. Der Theologe wird unwillkürlich an den Schöpfungsbericht der Bibel erinnert: „Finsternis lag über der Urflut, und Gottes Geist schwebte über dem Wasser ... und Gott schied das Wasser unterhalb des Gewölbes vom Wasser oberhalb des Gewölbes... Und Gott sprach: ‚Das Wasser unterhalb des Himmels sammle sich an einem Ort, damit das Trockene sichtbar werde.'... Das Trockene nannte Gott Land, und das angesammelte Wasser nannte er Meer." (Gen. 1,1–10).

Die Bibel sieht die Schöpfung immer in Zusammenhang mit Wasser: Wo Wasser ist, da entsteht, da ist Leben, ohne Wasser gibt es kein Leben und damit auch kein Heil. Der Mensch – das weiß vor allem der Palästinenser, der in Nachbarschaft mit der Wüste lebt, kann ohne Wasser nicht leben. Darum spielt Wasser nicht nur in der Bibel als lebenspendende Kraft eine herausragende Rolle, darum hat in der Folge das Wasser auch in der Liturgie der Kirche und in unserem religiösen Brauchtum eine so große Bedeutung bekommen. Denken wir nur an das Taufwasser: Wer in dieses Wasser eingetaucht wird – und die Urkiche nahm dieses Eintauchen wörtlich – wird eine neue Schöpfung. „Herr, unser Gott, schenke diesem Wasser die Kraft des Heiligen Geistes, damit der Mensch, der auf dein Bild hin geschaffen ist, neue Schöpfung werde aus Wasser und Heiligem Geist" – heißt es im Gebet zur Taufwasserweihe, die man so hoch einschätzte, daß ohne sie eine gültige Taufe nicht möglich war.

Das Weihwasser, mit dem Katholiken sich selbst bezeichnen und ihre Häuser und Felder besprengen, erinnert an die Taufe. Überall wo es benutzt wird, soll es Heil und Leben bringen. Genauso wie das Wasser, das man an bestimmten heiligen Orten wie z. B. Lourdes schöpft und mit nach Hause nimmt: ihm wird wahre Wunder- und Heilkraft zugesprochen.

Und kann Wasser nicht tatsächlich wahre Wunder wirken? Wie erfrischend und im wahrsten Sinne des Wortes be-lebend wirkt das Wasser der Wunderquelle in dieser Wüste von Stein. Hier kann sich der Wallfahrer erfrischen und neue Kraft schöpfen. Tut es nicht gut, sich mit diesem Wasser Gesicht und Hände zu kühlen, es durch die Finger gleiten zu lassen, einen erfrischenden Schluck zu trinken? Es ist fast zu kostbar, um sich darin den Schweiß abzuwaschen. Schon die alten Griechen schätzten solche Quellen. In ihren Mythen verdankt jede Quelle ihre Entstehung einer Nymphe, einer Tochter des Zeus. Nicht von ungefähr wurden Quellen, wird Wasser in Verbindung mit dem Weiblichen gebracht, ist Wasser doch das lebenspendende Element schlechthin. Nur wo Wasser fließt, kann etwas blühen, wachsen und Frucht bringen. Eines der größten Heiligtümer und der bedeutendste Wallfahrtsort der Antike Delphi – entstand an einer Quelle im Parnass-Gebirge. Hier saß die Pythia und lenkte die Geschicke ganzer Völker durch ihre Orakelsprüche.

Nicht nur in der Antike, auch im Johannes-Evangelium wird Wasser – Flüssigkeit – in Zusammenhang mit dem Weiblichen gesehen. Bei der Hochzeit zu Kana ist es die Frau – Maria – die darauf hinweist, daß der Wein ausgeht und die so den Anstoß zu Jesu erstem Wunder gibt. Am Jakobsbrunnen ist es wiederum eine Frau, die Wasser schöpft, die den müden Wanderer – Jesus erquickt und der Jesus so offenbart, daß er der Messias ist. Klares, fließendes, lebendiges Wasser; auch Jesus identifiziert sich mit Wasser, wenn er beim Laubhüttenfest der Juden sagt: „Wer Durst hat, komme zu mir, und es trinke, wer an mich glaubt. Wie die Schrift sagt: Aus seinem Innern werden Ströme von lebendigem Wasser fließen." (Joh. 7,38). Und er will damit sagen: So wie frisches Quellwasser den Wanderer in der Hitze und den Anstrengungen des Weges erquickt, so will ich Euch Kraft schenken in der Hitze des Alltags und in den Anstrengungen Eures Lebensweges. „Wer von dem Wasser trinkt, das ich ihm geben werde, wird niemals mehr Durst haben, vielmehr wird das Wasser, das ich ihm gebe, in ihm zur sprudelnden Quelle werden, deren Wasser ewiges Leben schenkt." (Joh. 4,14).

Dieses Wasser ist da für uns, wir brauchen nur die Hände danach auszustrecken, freilich auch manchmal etwas danach suchen – so wie man auch leicht an der Wunderquelle vorbeigehen kann – und es wird Zeiten geben, in denen wir dieses lebendige Wasser überhaupt nicht sehen können, wo alles um uns herum und

in uns wie ausgedörrt und tot ist, wo es uns wie dem alttestamentlichen Menschen geht, der betet: „Nach dir schmachtet mein Leib wie dürres lechzendes Land ohne Wasser“ (Ps. 63,2) – aber auch da ist dieses Wasser da – verborgen, vielleicht hören wir nur sein fernes Fließen wie an der Teufelsmühle. Hier hören wir die Kraft des Wassers, wir hören, daß es da ist, daß es am Werk ist, tief in der Erde, dieses Wasser, dessen Wirken sich wenig später in seiner ganzen Fülle und Schönheit offenbart, wenn sich viele kleine Rinnsale zum Schrainbach vereinen. Wie üppig wächst und blüht es an seinen Ufern. So wirkt das Wasser: überall, wohin es kommt, schenkt es Wachstum, trägt es dazu bei, daß sich die Schönheit der Pflanzen in seiner ganzen Fülle entwickelt. Hier lebt es und hier läßt sich leben. Kein Wunder darum, daß der Beter des Alten Testaments sagt: „Wie ein Baum, der an Wasserbächen gepflanzt ist, der zur rechten Zeit seine Frucht bringt und dessen Blätter nicht welken“ so ist der Mensch, der „Freude hat an der Weisung des Herrn, über seine Weisung nachsinnt bei Tag und bei Nacht.“ (Ps. 1,2f). Wer hier angekommen ist, der setzt sich nieder und ruht aus, der freut sich an der Schönheit der Natur, der atmet auf und tankt im wahrsten Sinne des Wortes auf. Denn hier ist er am „Ruheplatz am Wasser“ (vgl. Ps. 23,2) angekommen.

Immer wieder deutet die Bibel und damit der jüdische und der christliche Glaube das Wirken Gottes im Vergleich mit dem Wirken des Wassers. Hier beim Abstieg vom Steinernen Meer bis St. Bartholomä zeigt sich die ganze leben-spendende Kraft des Wassers – aber auch seine zerstörerische, unheilvolle Macht, wenn uns der Weg an den Ort führt, wo der Schrainbach als tosender Wasserfall die Felswand hinunterstürzt. Nicht nur, daß man sein eigenes Wort nicht versteht, man muß achtgeben, nicht zu nahe ans Wasser zu kommen, um nicht von seiner Kraft mitgerissen zu werden. Die hebräische Sprache hat diese Macht des Wassers ganz deutlich gesehen, denn das hebr. Wort für Wasser kann man von seiner Urbedeutung nicht nur mit Wasser übersetzen, es ist gleichzeitig der Terminus für große Not und Gefahr. Und so erlebte der alttestamentliche Mensch auch das Wasser. Das sprechenste Bild dafür ist die Sintflut, die das Böse auf der Erde vernichten sollte und es auch tat. Nur Noah, der Gott treu war, wurde gerettet. Und so überwiegt letztlich die lebenspendende Wirkung des Wasser, denn auch hier wird aus der vordergründig erfahrenen großen Not, aus der lebensbedrohenden Gefahr, neues Leben und somit eine neue Schöpfung.

Wasser – die leben-spendende, leben-erhaltende Kraft. Wie uns das Wasser auf dem Weg durch das Steinerne Meer und hinunter nach St. Bartholomä begleitet, so begleitet uns Gott auf unserem Weg durchs Leben: als schöpferische Kraft, die uns geformt und erschaffen hat, als lebendiges Wasser, das uns erfrischen und stärken will und als an unserer Seite fließender Bach, an dem wir uns ausruhen können und der uns wachsen und blühen läßt, der uns Leben und damit Freude in Fülle schenkt.

Aus Psalm 104

Lobe den Herrn, meine Seele! Herr, mein Gott, wie groß bist du! Du bist mit Hoheit und Pracht bekleidet.
Du hast die Erde auf Pfeiler gegründet; in alle Ewigkeit wird sie nicht wanken.
Einst hat die Urflut sie bedeckt wie ein Kleid, die Wasser standen über den Bergen.
Sie wichen vor deinem Drohen zurück, sie flohen vor der Stimme deines Donners.
Da erhoben sich Berge und senkten sich Täler an den Ort, den du für sie bestimmt hast.
Du hast den Wassern eine Grenze gesetzt, die dürfen sie nicht überschreiten; nie wieder sollen sie die Erde bedecken.
Du läßt die Quellen hervorsprudeln in den Tälern, sie eilen zwischen den Bergen dahin.
Allen Tieren des Feldes spenden sie Trank, die Wildesel stillen ihren Durst daraus.
An den Ufern wohnen die Vögel des Himmels, aus den Zweigen erklingt ihr Gesang.
Du tränkst die Berge aus deinen Kammern, aus deinen Wolken wird die Erde satt.
Du läßt Gras wachsen für das Vieh, auch Pflanzen für den Menschen, die er anbaut, damit er Brot gewinnt von der Erde und Wein, der das Herz des Menschen erfreut, damit sein Gesicht von Öl erglänzt und Brot des Menschen Herz stärkt.
Die Bäume des Herrn trinken sich satt, die Zedern des Libanon, die er gepflanzt hat.
In ihnen bauen die Vögel ihr Nest, auf den Zypressen nistet der Storch.
Die hohen Berge gehören dem Steinbock, dem Klippdachs bieten die Felsen Zuflucht.
Herr, wie zahlreich sind deine Werke! Mit Weisheit hast du sie gemacht, die Erde ist voll von deinen Geschöpfen.

Jmpressionen
von der Wallfahrt
über das Steinerne Meer

Jmpressionen
von der Wallfahrt
über das Steinerne Meer

Impressionen

von der Wallfahrt
über das Steinerne Meer

Jmpressionen

von der Wallfahrt
über das Steinerne Meer

Die Flora der Talorte

Walter Strobl, Helmut Wunder

Maria Alm

Vorbei an den freundlichen Häusern mit dem prächtigen Blumenschmuck verläßt der Pilgerweg die Ortschaft Maria Alm und zieht sich bedächtig ansteigend entlang dem Grießbach in den sogenannten Grießbachwinkel. Während im untersten Bachabschnitt überwiegend Weiden-Arten wie Lavendel-Weide *(Salix eleagnos)*, Purpur-Weide *(S. purpurea)*, Schwarzwerdende Weide *(S. myrsinifolia)* mit vereinzelten Eschen *(Fraxinus excelsior)* und Bergahornen *(Acer pseudoplatanus)* den Ufersaum bilden, beginnt oberhalb des kleinen Hauses mit den Mühlsteinen im Vorgarten die Grauerle *(Alnus incana)* verstärkt aufzutreten. Giersch *(Aegopodium podagraria)*, Behaarter Kälberkropf *(Chaerophyllum hirsutum)* und Brennessel *(Urtica dioica)* beherrschen die Krautschicht. Dazu gesellen sich Roßminze *(Mentha longifolia)*, Rühr-mich-nicht-an *(Impatiens noli-tangere)* und Nessel-Glockenblume *(Campanula trachelium)*. Auf trockeneren Partien wachsen Wolliger und Gemeiner Schneeball *(Viburnum lantana und V. opulus)* sowie Haselnuß-Sträucher *(Corylus avellana)*.

Unterhalb des Gasthofes Kronreit besiedelt den Mischwald eine große Anzahl wohlbekannter Pflanzen. Neben frühblühenden Sträuchern wie dem Seidelbast *(Daphne mezereum)* finden sich hier Einbeere *(Paris quadrifolia)*, Große Bibernelle *(Pimpinella major)*, Schwarzviolette Akelei *(Aquilegia atrata)*, Geflecktes Knabenkraut *(Dactylorhiza maculata)*, Rundblättriges Zweiblatt *(Listera ovata)* und Weiße Segge *(Carex alba)* ein.

Weiter führt der Weg bergauf durch einen lichten Kiefern-reichen Fichtenforst, der unter anderem Schneeheide *(Erica herbacea)*, Zwergbuchs *(Polygala chamaebuxus)*, Niedrige Glockenblume *(Campanula cochleariifolia)*, Nickendes Perlgras *(Melica nutans)*, Wald-Wachtelweizen *(Melampyrum sylvaticum)* und Wald-Habichtskraut *(Hieracium sylvaticum)* beherbergt. Auf Schlagflächen blühen Fuchs-Kreuzkraut *(Senecio fuchsii)*, Großblütiger Fingerhut *(Digitalis grandiflora)* und mit Sumpf-, Gewöhnlicher- und Acker-Kratzdistel *(Cirsium palustre, C. vulgaris, C. arvense)* mehrere Distel-Arten, während im Fichtenforst Rippenfarn *(Blechnum spicant)* und dichte Moosteppiche gedeihen. Wiederum fallen entlang des Weges zahlreiche Sträucher wie Berberitze *(Berberis vulgaris)*, Seidelbast *(Daphne mezereum)*, Wacholder *(Juniperus communis)* auf, auch einige kleine Tannen *(Abies alba)* sind anzutreffen.

Oberhalb einer steileren Wegpartie können auf einen mächtigen Strom von Feinschutt wiederum Akelei *(Aquilegia atrata)* und Habichtskraut *(Hieracium sylvaticum)*, aber auch Tollkirsche *(Atropa bella-donna)*, Zweiblättrige Waldhyazinthe *(Platanthera bifolia)*

Abbildungen:
Links: Maria Alm
Rechts: Frauenschuh *Cypripedium calceolus* L.

und als subalpine Vertreter Fuchsschwanz-Betonie *(Betonica alopecuros)* und Alpendistel *(Carduus defloratus)* gefunden werden.

Vorbei an dem obersten Parkplatz geht es nun in ein von Latschen *(Pinus mugo)* bewachsenes, mit großen Felsblöcken übersätes Bergsturzgelände. Hier haben sich u. a. Großblättrige Weide *(Salix appendiculata)*, Wacholder *(Juniperus communis)*, Felsenbirne *(Amelanchier ovalis)*, Zwerg-Eberesche *(Sorbus chamae-mespilus)*, Schneeheide *(Erica herbacea)*, Preißel- und Heidelbeere *(Vaccinium vitis-idaea und V. myrtillus)* sowie Orchideen-Arten wie die Wohlriechende Händelwurz *(Gymnadenia odoratissima)* und der prächtige Frauenschuh *(Cypripedium calceolus)* eingefunden.

Blumen verblühen nicht, wenn sie nicht gepflückt werden. Sie reifen. Nicht nur Blüten können so großartig leuchten – auch Blätter und Früchte. Was ist schöner – Blüte oder Frucht? Auch wir sollen nicht bloß älter werden mit jedem Tag, sondern reifen. Das Ende heißt nicht Aufzehrung und Scheitern, sondern Reife und Vollendung.

Ambros Aichhorn

St. Bartholomä

Nach dem steilen Abstieg von der verfallenen Schrainbachalm erreicht der Wallfahrer das ausgedehnte Schotterfeld des Eisbaches. Nun steht er unmittelbar am Ufer des Königssees, dessen Wasserspiegel 602 Meter über dem Meer liegt. Auch die Wallfahrtskirche St. Bartholomä liegt direkt am Königssee auf diesem Schwemmkegel. Die Pilger, die das Steinerne Meer überquert haben, sind vielleicht schon zu müde, auch noch den St. Bartholomä-Rundweg zu gehen. Obwohl dieser in einer guten halben Stunde zu bewältigen wäre. Oder doch nach einer ausgiebigen Brotzeit. Denn eigentlich wird der Wanderer dann zum Spaziergänger. Was dem botanisch Interessierten bereits am Weg vom Eisbach nach Bartholomä sofort auffällt, sind die vielen Fichten *(Picea abies)*. Nicht sehr alt, eine ganze Anzahl von ihnen wurden auch bereits gefällt. Sie gehören nämlich gar nicht hierher, sondern wurden erst in diesem Jahrhundert gepflanzt. In einer Meereshöhe von etwa 600 m ist eigentlich ein von Tannen durchsetzter Buchenwald zu erwarten. Tannen sieht man heute hier kaum noch, Buchen sind wieder in größerer Zahl vorhanden. Darunter auch am Rundwanderweg einige stattliche Exemplare von hohem Alter. Bei hohem Wasserangebot im Boden sowie entlang der Bachufer stellen sich dazu Laubbaumarten wie Esche und Bergahorn ein.

Im Vorfrühling, also nicht zum Zeitpunkt der berühmten Wallfahrt, fallen die zahlreichen blühenden Schneerosen *(Helleborus niger)* besonders auf. Die Einheimischen nennen sie „Schneekada", eine weitere deutsche Bezeichnung lautet „Christrose". „Schnee- und Christ-" weisen auf die frühe Blütezeit dieser Pflanze hin. Christi Geburt, also Weihnachten, hat zu

Abbildungen Seite 80:
Links: Christrose *Helleborus niger* L.
Rechts: Rotes Waldvögelein *Cephalanthera rubra* (L.) Rich.

Abbildung Seite 81: St. Bartholomä

letzterem Namen geführt. Warum aber „-kada"? Es hat lange gedauert, bis wir herausgefunden haben, daß damit die Heilige Katharina gemeint ist. Ein weiterer Hinweis auf die frühe Blühzeit, da das Fest der Heiligen Katharina bekanntlich schon am 25. November begangen wird. Die Hauptblüte der Schneerose liegt allerdings in den Monaten Februar, März und April. Wenn auch der Wallfahrer im Spätsommer diese Blütenpracht nicht zu sehen bekommt, wird er doch auf die vielen ledrig glänzenden und handförmig geteilten Blätter aufmerksam werden. Der naturbegeisterte Pilger wird also nicht nur zum Zeitpunkt der Wallfahrt, sondern auch im zeitigen Frühjahr St. Bartholomä in bester Erinnerung behalten.

Jedoch treffen die Wallfahrer, wenn sie im August von Maria Alm kommend, das Steinerne Meer überquert haben, um Bartholomä noch auf eine große Zahl weiterer schöner Pflanzen, von denen einige nun vorgestellt werden. So wachsen auf dem Schotterfächer des Eisbaches alpine Arten wie Alpen-Leinkraut *(Linaria alpina)*, Blaugrüner Steinbrech *(Saxifraga caesia)* und sehr selten auch Bursers Steinbrech *(Saxifraga burseriana)*.

Auf den trockenen überwiegend von der Lavendel-Weide *(Salix eleagnos)* bewachsenen Schotterbänken erfreuen entlang des Weges Orchideen-Arten wie Dunkelrote und Breitblättrige Sumpfwurz *(Epipactis atrorubens und E. helleborine)*, Frauenschuh *(Cypripedium calceolus)*, Mücken-Händelwurz *(Gymnadenia conopsea)*, Langblättriges und Rotes Waldvögelein *(Cephalanthera longifolia und C. rubra)* den Blumenfreund. Weiters kommen noch Maiglöckchen *(Convallaria majalis)*, Türkenbundlilie *(Lilium martagon)* und Berg-Flockenblume *(Centaurea montana)* vor.

Schließlich können in den feuchten Wiesen und Seeufer-Streifen Kuckucks-Lichtnelke *(Lychnis flos-cuculi)*, Mehlprimel *(Primula farinosa)*, Fieberklee *(Menyanthes trifoliata)*, Kälberkropf *(Chaerophyllum hirsutum)* und Mädesüß *(Filipendula ulmaria)* beobachtet werden.

Die Pflanzenwelt des Wallfahrtsweges

Paul Heiselmayer, Josef Seidenschwarz

Der Wallfahrtsweg von Maria Alm über das Steinerne Meer nach St. Bartholomä führt den Pilger durch vielfältige Landschaften und Höhenstufen, die eine reiche Flora beherbergen. Die Pflanzenarten und deren Lebensgemeinschaften, die wir entlang unseres Pilgerweges beobachten können, spiegeln sehr unterschiedliche Standortsbedingungen wieder.

Weg vom Parkplatz oberhalb Maria Alm zum Riemannhaus

Am Ende der Fahrstraße aus Richtung Maria Alm bei einem kleinen Parkplatz beginnt der Fußweg über das Steinerne Meer. Er führt den Wallfahrer in die Hochgebirgsregion der Salzburger bzw. Berchtesgadener Kalkalpen. Gleich zu Anfang betritt der Pilger ein waldfreies Gebiet, das er nun die längste Zeit durchwandern wird. Der Weg führt vorbei an ausgedehnten Latschenfeldern, dem sog. „Krummholz", das von der Berg-Kiefer *(Pinus mugo)*, auch Latsche genannt, gebildet wird (Abb. 1 u. 2). Kleinwüchsige Fichten *(Picea abies)* sind eingestreut. Rechter Hand begleiten uns einige Grauerlen-Gebüsche *(Alnus incana)*, die mit der Lavendel-Weide *(Salix eleagnos)* durchwachsen sind. Stellenweise kommen beiderseits des Weges die wärmeliebende Gemeine Felsenbirne *(Amelanchier ovalis)* sowie der auf nicht zu trockenen Standorten wachsende Berg-Ahorn *(Acer pseudoplatanus)* hinzu. Die Gemeine Berberitze *(Berberis vulgaris)*, die hier nur mehr eine niedrige Wuchshöhe erreichende Rot-Buche *(Fagus syvlatica)* und die Wald-Kiefer *(Pinus sylvestris)* sind ebenfalls in einzelnen Exemplaren vertreten.

In dieser Höhenlage um 1400 m üNN wäre entsprechend der klimatisch bedingten Höhenzonierung der Vegetation eigentlich ein dichter Wald aus Buche, Fichte, Tanne und Bergahorn, der sog. montane Bergmischwald zu erwarten (zonale Vegetation). Großflächige Hangschuttbereiche aus Dolomitgestein, die nur geringe Bodenbildung aufweisen und vielfach auch durch kleinere Rutschungen geprägt sind, lassen jedoch lediglich die Ausbildung von an diese besonderen Standortsbedingungen angepaßten niedrigwüchsigen Latschengebüschen zu (azonale Vegetation). Abgesehen von solchen Sonderstandorten sind Latschenbestände natürlicherweise erst im Bereich der alpinen Waldgrenze bei ca. 1900 üNN und oberhalb davon ausgebildet.

Unmittelbar am Wegrand und teilweise auch in lückigen Bereichen der Latschenbestände können Ende August noch blühend der Steifhaarige Löwenzahn *(Leontodon hispidus)*, der Alpen-Steinquendel *(Acinos alpinus)* und der Fransen-Enzian *(Gentiana ciliata*; Abb. 3) gefunden werden. Während die erstgenannte Art sich hinsichtlich des Boden-ph-Wertes eher indifferent verhält, sind die beiden zuletzt genannten Pflanzenarten ausgesprochene Kalkzeiger.

Insgesamt bietet das in den Kalkalpen anstehende Kalk- und Dolomitgestein einer ganzen Reihe von speziell auf kalkreiche Böden angewiesenen Pflanzenarten Lebensraum. Doch können in Kalkgebieten auch Säurezeiger auftreten. Bestes Beispiel ist die Heidelbeere *(Vaccinium myrtillus)*, die zusammen mit der eher bodenvagen Schneeheide *(Erica herbacea)* an unserem Standort unter den Latschenbeständen größere Flächen bedeckt. Die (oberflächliche) Bodenversauerung ist zum einen durch die hohen Niederschläge und die dadurch verursachte Auswaschung von Calcium-Ionen erklärlich, zum anderen durch die sauere Nadelstreu der Latschen.

Gehen wir weiter, können wir entlang des Weges ab und zu die Fruchtstände der Wohlriechenden Händelwurz *(Gymnadenia odoratissima)* entdecken, die wie auch andere Orchideenarten einen Pilz als Symbiosepartner im Wurzelbereich benötigt (Mykorrhiza). Der Pilz trägt dabei zur Nährstoffversorgung der Blütenpflanze bei. Blickt der Wanderer nach rechts zu den westorientierten Hängen, so zeigt der dort wachsende kleine Rest eines Buchenwaldes, daß wir uns nach wie vor in der Bergstufe (montane Höhenstufe) befinden, die normalerweise durch das Vorkommen des oben erwähnten montanen Bergmischwaldes geprägt ist.

Nach einiger Zeit des Aufwärtswanderns tritt der Hangschutt aus Dolomit offen zu Tage. Latschen können hier nicht mehr gedeihen. Regelmäßige Steinschläge und kleine Schuttmuren verhindern das Aufkommen von Gehölzen. An deren Stellen treten „Spezialisten" unter den Pflanzenarten, die die mechanische Beanspruchung durch den bewegten Schutt ertragen können. Die dunkelrosa blühende Alpen-Distel *(Carduus defloratus)* beispielsweise fühlt sich hier wohl.

Abbildungen Seite 82:

Abb. 1 u. 2 (oben und unten links): Beginn des Aufstiegs zum Riemannhaus. Latschengebüsche *(Pinus mugo)* auf Gesteinsschutt säumen den Weg.

Abb. 3 (unten rechts): Fransen-Enzian *(Gentiana ciliata)*, ein typischer Kalkzeiger auf mageren Standorten.

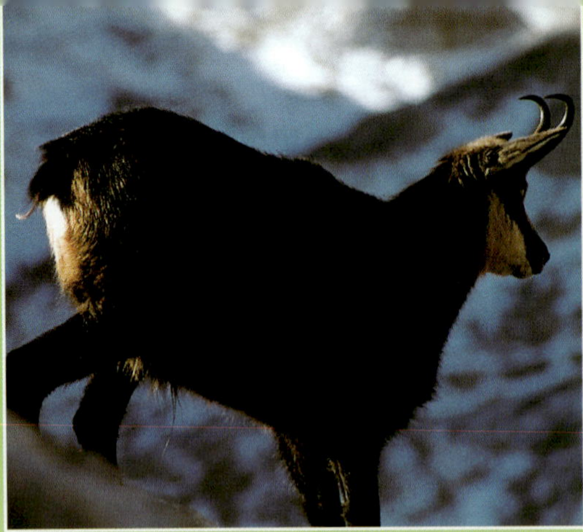

Gemsen liegen mitunter am Boden wie faule Säcke. Plötzlich aber geht es los. Sie schießen und springen dahin von Spitze zu Spitze, von Block zu Block und über schroffe Abstürze hinunter, daß der extreme Bergsteiger vor Neid erblaßt. Jedes größere Säugetier braucht Bewegung. Nur Menschen meinen, man könnte darauf verzichten, ohne zu verweichlichen.

Ambros Aichhorn

Bei der ersten Wegkehre treten dem Wanderer die letzten knorrigen Buchen entgegen, die schon durch ihre äußere Erscheinungsform von den Unbilden des Standortes Zeugnis geben. Daneben finden sich einige Exemplare des häufig mit der Buche vergesellschafteten Hasenlattichs *(Prenanthes purpurea)*, teils blühend, teils im Fruchtstand.

Nach Verlassen des Hangschuttbereiches ändert sich das Landschaftsbild wieder. Weite Bereiche entlang unseres Wanderweges werden erneut von Latschengebüschen eingenommen. Zwischen den Latschen können die Alpen-Hecken-Rose *(Rosa pendulina)* und die Zwerg-Eberesche *(Sorbus chamaemespilus)* ans Licht gelangen, während unterhalb der Sträucher ein Teppich von Heidelbeeren und Schneeheide ausgebildet ist, der vielfach mit attraktiven Blütenpflanzen wie der Quirlblättrigen Weißwurz *(Polygonatum verticillatum)*, der Wald-Witwenblume *(Knautia dipsacifolia)* und der Nacktstengeligen Kugelblume *(Globularia nudicaulis)* durchsetzt ist.

Der Weg führt an der Talstation einer Materialseilbahn vorbei und durchschneidet mächtige Schuttflächen, die schon längere Zeit von Rutschungen unbeeinflußt sind, wodurch zahlreiche Pflanzenarten Fuß fassen konnten. Blühend und fruchtend treten uns die lilablühende Glänzende Skabiose *(Scabiosa lucida)*, das weißlich blühende Schutt-Leimkraut *(Silene vulgaris ssp. glareosa)*, das Kriechende Gipskraut *(Gypsophila repens)*, das Grasnelkenblättrige Habichtskraut *(Hieracium staticifolium)*, die Alpen-Distel *(Carduus defloratus)*, das blau blühende Alpen-Leinkraut *(Linaria alpina;* Abb. 4) und der Schild-Ampfer *(Rumex scutatus)* entgegen. Alle diese Pflanzenarten können dank besonderer Ausbildungen im Wurzel- und unterirdischen Stammbereich (Rhizome, Ausläufer) und ihrer hohen Regenerationsfähigkeit nach Verletzungen diese doch eher lebensfeindlichen Schuttstandorte besiedeln. Die unterirdischen Organe können dabei mehrere Meter Länge erreichen.

Einige Höhenmeter oberhalb der Seilbahnstation wird der Bewuchs dichter. Zahlreiche Kräuter und Gräser bilden eine reich strukturierte Pflanzendecke. Dem Wanderer treten hier die wohl buntesten und vielfältigsten Aspekte der Bergblumenwelt entgegen. Blau- bzw. lilablühend erscheinen der Fransen-Enzian *(Gentiana ciliata)*, der Kelch-Enzian *(Gentiana anisodonta)* und die Herzblättrige Kugelblume *(Globularia cordifolia)*, weißblühend die Bittere Schafgarbe *(Achillea clavenae)*, das Alpen-Maßliebchen *(Aster bellidiastrum)* und fruchtend die Schnee-Pestwurz *(Petasites paradoxus)*. An manchen Stellen finden auch Pflanzenarten der hochalpinen Stufe ihren Lebensraum. Die Windexponiertheit ertragende Polster-Segge *(Carex firma)* mit ihren steifen, leicht stechenden und dunkelgrünen Blättern steht neben der Zwerg-Glockenblume *(Campanula cochleariifolia)* und dem Blaugrünen Steinbrech *(Saxifraga caesia)*.

Der Weg wendet sich nun in Richtung Osten. Latschengebüsche wechseln immer wieder mit Rasenflächen ab. Auf letzteren finden wir die Fruchtstände des Pyrenäen-Drachenmauls *(Horminum pyrenaicum)*. Diese Ende Juni, Anfang Juli ihre blauvioletten Blüten öffnende Rosettenplanzen besitzt ihre Hauptverbreitung in den Südalpen. Innerhalb der nördlichen Kalkalpen tritt sie ausschließlich im Bereich des Hochkönigs, des Steinernen Meeres und auch der Leoganger Steinberge auf. Auch viele Gelbtöne treten in den subalpinen Rasen auf: Die zarte Kelch-Simsenlilie *(Tofieldia calyculata)* befindet sich Ende August meist schon in Frucht, der Fuchsschwanz-Ziest *(Betonica alopecuros)* zeigt noch seine letzten Blüten. Der Begrannte Klappertopf *(Rhinanthus aristatus)* ist eine der wenigen einjährigen Pflanzenarten in diesem Lebensraum und gleichzeitig ein Halbschmarotzer. Das Glatte Brillenschötchen *(Biscutella laevigata)* besitzt als Frucht ein Schötchen in Brillenform (Abb. 5). Ebenfalls bereits fruchtend treffen wir den gelbblühenden Horn-Klee *(Lotus corniculatus)*, den Wund-Klee *(Anthyllis vulneraria)* sowie den häufig auftretenden Berg-Hahnenfuß *(Ranunculus montanus)* an. Als Süßgras ist das im Frühjahr blühende Kalk-

Abbildungen Seite 85:

Abb. 4 (oben links): Alpen-Leinkraut *(Linaria alpina)*, ein charakteristischer Vertreter offener Steinschuttfluren.

Abb. 5 (oben rechts): Die namengebenden Früchte des Brillenschötchens *(Biscutella laevigata)*.

Abb. 6 (unten links): Fruchtstände der Silberwurz *(Dryas octopetala)*, eines Pioniers auf steinigen und felsigen Standorten.

Abb. 7 (unten rechts): Fetthennen-Steinbrech *(Saxifraga aizoides)* auf feuchtem Felsstandort.

Blaugras zu finden *(Sesleria varia)* und von den Sauergräsern die Immergrüne Segge *(Carex sempervirens)*. Blaugrasrasen sind die typischen Rasengemeinschaften in der mittleren alpinen Stufe oberhalb des Zwergstrauchgürtels, kommen entlang unseres Weges infolge der Waldfreiheit des Geländes jedoch auch in tieferen Lagen vor.

Der Weg führt weiter in Richtung Felsen. Hier wachsen unter anderem die Silberwurz *(Dryas octopetala)*, ein spalierartig am Boden kriechendes Rosengewächs mit weißen Blüten und einer weißlichen Blattunterseite. Die zahlreichen, aus einer Blüte entstehenden Früchte zeigen grannenartige Fortsätze, die dem gesamten Fruchtstand ein eigenartiges, schopfiges Aussehen verleihen (Abb. 6). Gleich nebenan befinden sich die grünen Rosettenblätter des Felsen-Baldrians *(Valeriana saxatilis)*.

Wenden wir unseren Blick von diesen Felsen nach Süden, so bietet sich dem Wallfahrer ein Ausblick auf das Saalfeldner Becken mit der die Ostseite begrenzenden Schwalbenwand, im Hintergrund die Gipfel und Täler der Hohen Tauern.

Bei der letzten Kehre vor der großen Felswand durchwandern wir ausgeprägte Blaugrasrasen, in denen noch stellenweise das Großblütige Sonnenröschen *(Helianthemum nummularium ssp. grandiflorum)* blühend zu finden ist.

Wenn der Pilger durch die Rasen in Richtung Felsen weitergeht, so scheinen diese zunächst eine unüberwindbare Barriere zu bilden. Doch führt ein teilweise gemauerter und gesicherter Steig steil hinauf über diese Felswand hinweg. An feuchten Stellen dieser Wand wächst nicht selten die Moos-Nabelmiere *(Moehringia muscosa)*, ein Nelkengewächse, das an seinen vier weißen Blütenblättern und den schmalen Stengelblättern leicht zu erkennen ist. Daneben blüht noch in oranger Farbe der mit schmalen fleischigen Blättern ausgestattete Fetthennen-Steinbrech *(Saxifraga aizoides;* Abb. 7). An trockeneren und steileren Teilen der Wand finden sich echte Felsspaltenbesiedler (Chasmophyten), die sich mit ihren Wurzeln in Felsritzen verankern. Hierzu zählt das wohl bekannteste Primelgewächs der Alpen, die Alpen-Aurikel *(Primula auricula;* Abb. 8). Im Volksmund wird sie im Salzburgischen Petergstamm oder auch Platenigl, auf Berchtesgadener Seite „Gamsbleame“ genannt. Gleich daneben finden wir den Traubensteinbrech *(Saxifraga paniculata)*, der eine mit Kalkdrüsen versehene Blattrosette aufweist und ebenfalls in Felsspalten wurzelt.

Der stete Wechsel zwischen besonnten Felsen und Rasenbändern und mehr oder weniger tiefen, schattigen Felseinschnitten führt im weiteren Verlauf der Wegstrecke zu einer Vielzahl von Pflanzengemeinschaften mit einer Fülle unterschiedlicher Pflanzenarten, die gerade diesen Wegabschnitt sehr abwechs-

lungsreich gestalten. Innerhalb von Vertiefungen im Fels kann häufig der Kahle Alpendost *(Adenostyles glabra)* gemeinsam mit der Alpen-Distel *(Carduus defloratus)* und der blau blühenden Scheuchzer's Glockenblume *(Campanula scheuchzeri)* beobachtet werden. Stellenweise kommt an den Felsen auch die ausschließlich ostalpin verbreitete Zwerg-Alpenrose *(Rhodothamnus chamaecistus)* vor, die im Frühsommer mit ihren auffallenden hellrosa Blüten immer eine besondere Attraktion für das Auge darstellt.

Nach Erreichen das Felsgrates führt uns der Pfad wieder durch Blaugrasrasen. Betrachtet der Wanderer die hier vertretenen Pflanzenarten genauer, kann er einen kleinen Farn mit einem tief gebuchteten Fiederblatt und einem aus der Mittelrippe herausragenden sporangientragenden Stielchen erkennen, die Mondraute *(Botrychium lunaria)*. Werfen wir einen Blick auf die rechterhand des Weges aufragende Felswand, können wir an einigen Stellen die Blattrosetten, Früchte und selten auch noch die Blüten des Blauen Mänderle *(Paederota bonarota)* sehen, eine Pflanze, die in den südlichen Kalkalpen und Dolomiten sehr häufig ist, in den nördlichen Kalkalpen aber nur an wenigen Stellen des Steinernen Meeres beobachtet wurde.

Neben dem Blauen Mänderle und dem Pyrenäen-Drachenmaul weisen auch noch einige andere Pflanzenarten eine Verbreitung südliche Kalkalpen – Steinernes Meer – Hochkönig – Berchtesgadener Alpen auf. Dies läßt sich nur dadurch erklären, daß das ehemals wesentlich größere, mehr oder weniger zusammenhängende Verbreitungsareal dieser Arten im Laufe der Eiszeiten sehr stark eingeengt wurde. Wahrscheinlich ermöglichten steil und hoch aufragende Felswände, die auch während der Eiszeiten eisfrei blieben, eine Überdauerung in den genannten Gebirgsräumen.

Das Riemannhaus ist inzwischen in greifbare Nähe gerückt und damit das erste Etappenziel bald erreicht. Eine kleine Rast gibt die Möglichkeit zur Stärkung, bevor das Plateau überquert wird.

Vom Riemannhaus zum Kärlingerhaus

Wenden wir unseren Schritt weiter in Richtung Kärlingerhaus, so zeigt sich ein völlig anderes Landschaftsbild. Die Boden- und Vegetationsbedeckung ist karg, Felsen dominieren. Rechts und links des Weges sind auf mäßig geneigten Felsen häufig Polsterpflanzen zu finden. Diese sind mit ihrer kompakten, halbkugeligen Wuchsform optimal an die widrigen klimatischen Verhältnisse der Hochlagen mit Wind und Kälte angepaßt. Ihre Blätter sind zu dichten Rosetten angeordnet, wodurch die Pflanzen vor zu hoher Verdunstung und

damit vor dem Vertrocknen geschützt werden. Ein zentrales Wurzelsystem, das die geringen Humusmengen in Felsspalten erschließt, verankert die Pflanze im Fels und versorgt sie gleichzeitig mit Wasser und Nährstoffen. Zu diesen Polsterpflanzen zählt das um diese Zeit bereits verblühte Stengellose Leimkraut *(Silene acaulis;* Abb. 9) und der Trauben-Steinbrech *(Saxifraga paniculata;* Abb. 10).

Ebenfalls optimal an ihren Lebensraum angepaßt, aber völlig anders gebaut, sind die Spaliersträucher, die verholzte, oberirdisch kriechende, den Boden oder die Felsen flach überziehende Sprosse aufweisen. Hierzu zählen der Zwerg-Kreuzdorn *(Rhamnus pumilus;* Abb. 11) sowie eine Reihe von Weidenarten, so auch die Stumpfblättrige Weide *(Salix retusa)*.

Sehr zahlreich sind auf der Hochplateaufläche des Steinernen Meeres, die wir überschreiten, Karren vertreten. Es handelt sich dabei um stark in den Felsen eingeschnittene Rinnen und napfförmige Vertiefungen, die durch die Verwitterung des Gesteins entstanden sind. Diese Karren bilden etwas vor Wind und Wetter geschützte Kleinstandorte, in denen sich stellenweise Bodenmaterial ansammeln und Feuchtigkeit halten kann und die damit Pflanzenarten wie der Großblütigen Gemswurz *(Doronicum grandiflorum)*, dem Blauen Eisenhut *(Aconitum napellus;* Abb. 12), der Schwarzen Schafgarbe *(Achillea atrata)*, dem Stern-Steinbrech *(Saxifraga stellaris)* und dem Zweiblütigen Veilchen *(Viola biflora)* Lebensraum bieten können.

Sonderbedingungen für den Pflanzenwuchs bilden auch leichte Muldenlagen abseits der Karrenfelder. Hier bleibt der Schnee wesentlich länger als in der Umgebung liegen, oftmals bis Mitte Juli. Daher werden solche Standorte auch „Schneeböden“ oder „Schneetälchen“ genannt, an denen sich sogenannte Schneetälchengesellschaften entwickeln können. Deren Pflanzenarten besitzen die Fähigkeit, eine lange Schneebedeckung zu ertragen und in einer nur sehr kurzen Vegetationszeit die Entwicklung bis zur Fruchtreife abzuschließen. Bereits im Schnee beginnt das inzwischen längst verblühte Gewöhnliche Alpenglöckchen *(Soldanella alpina;* Abb. 13) seine hellvioletten Blüten zu entfalten. Jetzt sind hie und da noch die Fruchtstände zu finden. Charakteristisch ist für solche Standorte auch die Krautweide *(Salix herbacea)*, die mit ihren verholzenden Trieben spalierartig den Boden überzieht. Aufgrund ihrer Niedrigwüchsigkeit wird sie auch als „kleinster Baum“ bezeichnet.

Wenden wir den Blick von den Pflanzen vor uns weg auf die fernen Anhöhen, so bleibt das Auge zunächst an den rötlichen Gesteinen der Rotwand hängen (Abb. 14). Links davon können wir den Großen Hundstod und den Hochkalter erkennen. Hinter der Rotwand schaut der Watzmann hervor. Nach einiger Zeit passieren wir das Salzburger Kreuz, der Weg senkt sich in tiefere Lagen und die Latsche findet stellenweise wieder Lebensraum. Auf den schmal gebankten Kalken gedeihen zahlreiche Pflanzenarten, die uns den Ein-

Abbildungen Seite 86:

Abb. 8 (oben links): Alpen-Aurikel *(Primula auricula)*, eine typische Vertreterin der Felsspaltenvegetation.

Abb. 9 u. 10 (rechts und unten links): Stengelloses Leimkraut *(Silene acaulis)* und Traubensteinbrech *(Saxifraga paniculata)*, zwei charakteristische Polsterpflanzen auf Fels.

Abbildungen Seiten 87:

Abb. 11 (oben): Zwerg-Kreuzdorn *(Rhamnus pumilus)*, ein Spalierstrauch, der sonnige Felsstandorte bevorzugt.

Abb. 12 (rechts): Blauer Eisenhut *(Aconitum napellus)* in einer Karre, in der sich etwas Humus ansammeln konnte.

druck eines Steingartens vermitteln. Dazu zählen unter anderem der Trauben-Steinbrech und die Zwerg-Glockenblume. An geschützten Stellen wachsen stellenweise die Behaarte Alpenrose *(Rhododendron hirsutum;* Abb. 15) und die Zwerg-Alpenrose.

Beim Weiterwandern passieren wir nahe der Rotwand die Schwarze Lacke, eine mit Wasser gefüllte Doline und etwas weiter mündet der Weg von der Schönfeldspitze ein. Hier finden wir einen kleinen Strauch mit aus dem Stamm heraus sich entwickelnden roten Früchten, den Seidelbast, der aus der tiefer gelegenen Waldstufe kommend auch in günstigen Lagen oberhalb der Waldgrenze gedeihen kann. Je weiter wir unserem Weg bergab folgen, desto beständiger begleiten uns Zwergstrauchheiden mit der Behaarten Alpenrose und Latschengebüsche als Kennzeichen der unteren alpinen Stufe. Bald gesellen sich die ersten Bäume hinzu. Vor allem die Zirbe *(Pinus cembra)* mit ihren typischen Zapfen, deren Samen im Volksmund als „Zirbelnüsse" bezeichnet werden, und den jeweils fünf zu einem Büschel vereinigten Nadeln ist hier anzutreffen (Abb. 16). Nicht umsonst wird dieser Teil des Gebietes Baumgartl genannt. Bald treten auch Lärchen *(Larix decidua)* zu den Zirben und bilden den Lärchen-Zirbenwald der subalpinen Höhenstufe (Abb. 17 u. 18).

Lärchen-Zirbenwälder sind eigentlich charakteristisch für die kontinental getönten Inneralpen und fehlen am Alpenrand weitgehend. Die nördlichsten Vorposten innerhalb der Berchtesgadener Alpen befinden sich in den Bereichen Baumgartl, Funtensee und Reiteralm.

Wir steigen weiter hinab, durchwandern eine Lärchenwiese und gelangen randlich zu einem kleinflächig ausgebildeten Niedermoor (Abb. 19). Neben zahlreichen kleinen Seggen-Arten sind die Fruchtstände und Blätter der hochwüchsigen Schnabel-Segge *(Carex rostrata)* zu beobachten. Dazwischen findet sich das Breitblättrige Wollgras *(Eriophorum latifolium;* Abb. 20). Seine seidenhaarigen Früchte geben ihm den Namen. Durch einen an das Moor anschließenden Lärchen-Fichtenwald setzen wir unseren Weg fort und erreichen schließlich, vorbei an subalpinen Rasengemeinschaften, in denen das Pyrenäen-Drachenmaul *(Horminum pyrenaicum;* Abb. 21) und der Begrannte Klappertopf *(Rhinanthus aristatus;* Abb. 21) vorkommen, den Funtensee. Dessen südlicher Uferbereich wird teilweise von der Schnabel-Segge eingenommen.

Der Einfluß der früheren Almwirtschaft ist aus der Waldfreiheit des Gebietes um den See (ehemalige Rodungen für die Anlage von Lichtweideflächen) und anhand der ausgedehnten Lägerfluren ersichtlich, die in erster Linie vom Alpen-Ampfer *(Rumex alpinus)* gebildet werden (Abb. 22). Lägerfluren zeigen Nährstoffreichtum an und sind kennzeichnend für solche Bereiche, an denen sich die Exkremente des Weideviehs vermehrt ansammeln konnten.

Wenn wir beim Kärlingerhaus angekommen sind, haben wir bereits einen Großteil des Wallfahrtsweges zurückgelegt. Eine Stärkung für den Abstieg zum Königssee ist aber sicher angebracht.

Vom Kärlingerhaus zum Königssee

Vom Kärlingerhaus in 1630 m Höhe steigen wir über frühere Almflächen zu einem kleinen Sattel in 1672 m üNN auf. Rechts und links des Weges fallen trichterförmige Geländevertiefungen auf, sog. Dolinen, wie sie typisch für Karstlandschaften sind. In diesen Dolinen wachsen vielfach Hochstauden, darunter der Graue Alpendost *(Adenostyles alliariae;* Abb. 23) und auch die

Abbildungen Seite 88:

Abb. 13 (1. Reihe links): Gewöhnliches Alpenglöckchen *(Soldanella alpina)* im Frühjahrsaspekt auf wasserdurchtränktem Standort.

Abb. 14 (1. Reihe rechts): Der Pflanzenbewuchs in den Plateaulagen des Steinernen Meeres ist nur noch spärlich. Im Hintergrund die Rotwand, links davon Watzmann und Hundstod.

Abb. 15 (2. Reihe links): Behaarte Alpenrose *(Rhododendron hirsutum)*, eine charakteristische Vertreterin der alpinen und subalpinen Zwergstrauchheiden.

Abb. 16 (2. Reihe rechts): Zirbel-Kiefer *(Pinus cembra)* im Bereich Baumgartl nahe der alpinen Baumgrenze.

Abb. 17 u. 18 (3. Reihe): Lärchen-Zirbenwälder im Gebiet Baumgartl und Funtensee, die auf eher etwas kontinentalere Klimabedingungen hinweisen.

Abb. 19 (unten links): Niedermoor in einem Bereich, in dem Hangquellwasser austritt; im Hintergrund Lärchen-Fichtenbestand.

Abb. 20 (unten rechts): Breitblättriges Wollgras *(Eriophorum latifolium)*, eine Pflanzenart nasser und nährstoffarmer, jedoch basenreicher Moorstandorte.

Abbildung Seite 89:

Abb. 21: Pyrenäen-Drachenmaul *(Horminum pyrenaicum)* und Begrannter Klappertopf *(Rhinanthus aristatus)* in Magerrasen oberhalb des Funtensees.

Meisterwurz (Peucedanum ostruthium), eine alte Heilpflanze mit großen weißen Blütendolden. Latschen breiten sich zwischen den Dolinen nahe des Sattels aus.

Nach dessen Überschreitung betreten wir einen lichten Lärchenwald, aus dem die roten Früchte der strauchförmig wachsenden Zwerg-Eberesche *(Sorbus chamaemespilus)* hervorleuchten. Gelegentlich kann in der Baumschicht auch eine Zirbe vertreten sein. Der Boden wird bedeckt von Zwergsträuchern wie der Behaarten Alpenrose, der Schneeheide und der Heidelbeere. Häufig findet der Wanderer zwischen diesen Zwergsträuchern Blüten- und Fruchtstände der Wald-Engelwurz *(Angelica sylvestris)*, einem Doldenblütler, der ebenfalls als Heilpflanze verwendet wurde.

Vorbei an der Wegabzweigung zum Grünsee erreichen wir nach einer großen Kehre eine nordseitig gelegene Geländemulde, die bodenfeuchte und verhältnismäßig nährstoffreiche Standortsbedingungen aufweist. Hier überwiegen hochwüchsige, krautige Pflanzen mit meist großen Blättern, die eine Hochstaudenflur bilden. Die auffälligste Art ist der Graue Alpendost, der teilweise noch seine blaßroten Blütenkörbchen zeigt. Dazu gesellen sich die Akeleiblättrige Wiesenraute *(Thalictrum aquilegifolium)*, die Meisterwurz, der Gelbe Eisenhut *(Aconitum vulparia)* und auch der rotblühende Pannonische Enzian *(Gentiana pannonica)*. Stellenweise dringen Grünerlen *(Alnus viridis)* als Zeichen höherer Hangfeuchte ein. An trockeneren Stellen erheben sich die Fruchtstände des Breitblättrigen Laserkrauts *(Laserpitium latifolium)*, eines Doldenblütlers. Von der Glänzenden Skabiose *(Scabiosa lucida)* lassen sich noch die letzten rotlilafarbenen Blüten entdecken.

Zwischen den großen Felsblöcken entlang des Weges können die Schwarze und die Blaue Heckenkirsche *(Lonicera nigra, Lonicera caerulea)* gedeihen, daneben leuchten die blauen Blüten der Berg-Flockenblume *(Centaurea montana;* Abb. 24). Nach einer Holzbrücke stocken auf den nordexponierten Hängen Grünerlen- und Weidengebüsche, in denen u. a. auch die Bäumchen-Weide *(Salix waldsteiniana)* vertreten ist. Begleitet werden diese Gebüsche von Hochstauden.

Ein Großteil der Hangbereiche wird jedoch von einem lockeren Lärchen-Zirbenwald (Abb. 25) eingenommen, in dem häufig der Berg-Ahorn *(Acer pseudoplatanus)*, die Vogelbeere *(Sorbus aucuparia)* und die Sand-Birke *(Betula pendula)*, die ansonsten im Gebiet nur relativ selten anzutreffen ist, eingestreut sind. Vor Erreichen der Saugasse finden wir zahlreiche blühende Kräuter, so beispielsweise das Sumpf-Herzblatt *(Parnassia palustris)*, das Alpen-Leinkraut *(Thesium alpinum)* und die Alpen-Distel. Auffällig sind auch die Fruchtstände der Kelch-Simsenlilie *(Tofieldia calyculata)*. Unterhalb des Weges wächst herdenweise der Allermannsharnisch *(Allium victorialis)*, ein Lauchgewächs mit breiten Blättern und gelblichen Blüten, dem Heilkraft zugesprochen wird.

Im Geländeeinschnitt zu Beginn der Saugasse (Abb. 26) kommt der Wanderer an einer Hochstaudenflur vorbei, in der der weißblühende Platanenblättrige Hahnenfuß *(Ranunculus platanifolius)* und das gelbblühende Fuchssche Greiskraut *(Senecio fuchsii)* besonders auffallen. Unter anderem sorgt gelegentlich an diesem Standort niedergehender Lawinenschnee, der aus höheren Lagen auch Bodenmaterial und Pflanzenteile mit sich reißt, für eine Nährstoffzufuhr, die das Gedeihen der Hochstauden ermöglicht. Die Saugasse liegt in einer markanten Schlucht, deren Felswände um so mächtiger aufragen, je tiefer man steigt. Der Grund der Geländevertiefung, über den der Weg in vielen Kehren führt, ist mit Hangschutt bedeckt (Abb. 27). Das Vorkommen von Hochstauden auf diesem Schutt läßt nach unten deutlich nach. Der Kahle Alpendost *(Adenostyles glabra)* weist noch seine letzten rotvioletten Blüten auf. An humusreicheren Stellen zeigen der Schwalbenwurz-Enzian (*Gentiana asclepiadea)* mit seinen tiefblauen Blüten und der bereits im Verblühen begriffene Hasenlattich *(Prenanthes purpurea)* den Spätsommer an. Im untersten Teil der Saugasse treten Buchen, die eine wesentliche Baumart des montanen Bergmischwaldes darstellen, unmittelbar an den Rand der Schlucht heran.

Weiter abwärts durch Grobblöcke steigend, zwischen denen Lärchen, Fichten und Bergahorne wachsen, erreicht der Pilger die verfallene Unterlahneralm. Die ehemalige Lichtweidefläche ist locker mit Bäumen überstanden und großflächig von Hochstauden bedeckt. In Mulden sind kleine Niedermoore ausgebildet.

Der Weg führt uns weiter durch einen Blockwald, bestehend aus Buche, Fichte, Lärche und selten auch Tanne *(Abies alba)*. Im Unterwuchs findet sich die rot fruchtende Alpen-Heckenkirsche *(Lonicera alpigena)*. Zwischen den von einem Bergsturz stammenden Felsblöcken stehen dichte Bestände von Farnen, die boden- und luftfeuchte Standorte mit eher saurer Humusdecke bevorzugen. Farne werden, da sie keine auffallenden Blüten besitzen, zu den „im Verborgenen blühenden“ (kryptogamen), sich mittels Sporen ausbreitenden Pflanzenarten gezählt. Am Wegrand sind häufig die glänzend schwarzen, aber giftigen und von vier Blättern umgebenen Früchte der Einbeere *(Paris quadrifolia)* zu sehen.

Die das ganze Jahr hier auftretende hohe Luftfeuchtigkeit bei gleichzeitig ausreichender Wärme der Berg-

Abbildung Seite 90:

Abb. 22: Funtensee mit Kärlingerhaus; im Vordergrund Lägerflur mit dominierendem Alpenampfer *(Rumex alpinus)*.

Abbildungen Seite 91:

Abb. 23 (oben): Hochstaudenflur mit Grauem Alpendost *(Adenostyles alliariae)* in Fruchtreife.

Abb. 24 (Mitte): Berg-Flockenblume *(Centaurea montana)*; bevorzugt nährstoffreiche und verhältnismäßig sonnige Standorte.

Abb. 25 (unten): Lärchen-Zirbenwald oberhalb der Saugasse; im Hintergrund, teilweise in Wolken, der Watzmann.

waldstufe führt auch zu einem reichen Moosbewuchs an Felsen und der Borke von Bäumen. In der Krautschicht treten wiederum Hochstauden auf, wie der Wald-Geißbart *(Aruncus dioicus)* und der Hasenlattich. Stellenweise ist der Tannen-Bärlapp *(Lycopodium annotinum)* zu finden, der mit seinen von Nadelblättern umgebenen, oberirdisch kriechenden Sprossen den Boden dicht bedeckt. Die Felswände zeigen mächtige rinnenartige Karren, die annähernd senkrecht in den Humus des Bodens eintauchen. Am oberen Teil der Felsen sind insbesondere bei feuchter Witterung die schwarzen Striche („Tintenstriche") von Blaualgenkolonien gut sichtbar, die diesen unwirtlichen Lebensraum besiedeln.

Nach Durchwandern eines kleinen Fichtenwaldes wechselt der Weg auf die linke Talseite und führt dort entlang eines steilen felsigen Hanges. Am Gegenhang, an dem Wasserfälle in die Tiefe stürzen, wechseln sich Buchenbestände und Rasenflächen ab und schaffen so ein ausgeprägtes Vegetationsmosaik. Eine ausgedehnte Windwurffläche mit zahlreichem Totholz zeugt von der ungebändigten Kraft der Natur. Zwischen den liegenden Stämmen sorgt eine reiche und üppige Naturverjüngung von Eberesche, Gemeiner Esche, Bergahorn und Buche für die Entwicklung eines sehr vitalen Jungwaldes.

Im Talgrund kann der Schrainbach, frei von jeder künstlichen Verbauung, seinem natürlich geschwungenen Lauf folgen. Teilweise ist das Bachbett von geworfenen Bäumen überdeckt. Ein entwurzelter Baum unmittelbar am Wegrand gibt den Blick auf den anstehenden Fels frei, der ebenfalls das typische Karstphänomen der Karrenbildung aufweist. Beim Weitergehen fallen an einigen Stellen die silbrig-weißen Fruchtscheidewände des Silberblatts *(Lunaria rediviva)* auf.

Der Weg senkt sich nun weiter talwärts, das Klima wird wärmer. Am Fuße der Felsen konnte sich das Berg-Laserkraut *(Laserpitium siler)* ansiedeln, ein Doldenblütler mit großen schmalfiedrigen Blättern. Dazu gesellen sich die Zypressen-Wolfsmilch *(Euphorbia cyparissias)*, die Buchsblättrige Kreuzblume *(Polygala chamaebuxus)*, die Schwarzviolette Akelei *(Aquilegia atrata)* und die Schwalbenwurz *(Vincetoxicum hirundinaria)*, letztere mit den charakteristischen Balgfrüchten der Seidenpflanzengewächse. Bald erreichen wir die ehemalige Schrainbachalm, deren frühere Lichtweideflächen mehr oder weniger dicht von Hochstauden bedeckt ist (Abb. 28). Nach Überschreiten einer kleinen Holzbrücke sind linkerhand die letzten Windungen des Schrainbachs zu sehen, bevor er in einer steilen Schlucht zum Königssee hinabstürzt. Der Weg quert im folgenden einen mit Buchen-Tannenwald bewachsenen Steilhang. Im Unterwuchs finden sich der Kahle Alpendost und der Schwalbenwurz-Enzian in Blüte, die Blätter des Leberblümchens *(Hepatica nobilis)* sowie das zahlreich auftretende, jetzt fruchtende Bunte Reitgras *(Calamagrostis varia)*.

Bei einer Rechtskurve ist es dem Wanderer erstmals möglich, einen Blick auf den Königssee zu werfen. Im weiteren Wegeverlauf treten in der Strauch- bzw. Krautschicht des montanen Bergmischwaldes aus Buche, Tanne, Fichte und Bergahorn die rot fruchtende Alpen-Heckenkirsche und die auffällig blau blühende Nesselblättrige Glockenblume *(Campanula trachelium)* auf. Schauen wir in die Ferne, können wir den prächtigen Abschluß des Königsseetals mit den markanten Teufelshörnern erkennen (Abb. 29).

An den Felswänden, an denen der Weg nun vorbeiführt, finden sich immer wieder die fleischigen Blattrosetten des Petergstamm bzw. der Alpen-Aurikel, die uns aus den Hochlagen wohlvertraut ist. Besitzt sie in der alpinen Stufe auch ihr eigentliches Vorkommen, so kann sie doch auf ihr zusagenden Standorten, wie im vorliegenden Fall, tief hinunter bis in die Talräume gedeihen. Voraussetzung ist, daß es sich um einen weitestgehend konkurrenzfreien Standort handelt, auf dem diese niedrigwüchsige und lichtbedürftige Pflanzenart nicht durch andere, hochwüchsige Pflanzenarten verdrängt wird. Auch das hier vertretene Blaugras *(Sesleria varia)* ist uns aus der alpinen Stufe bekannt. Dazwischen finden wir u. a. das Blaue Pfeifengras *(Molinia caerulea)*, die Gewöhnliche Zwergmispel *(Cotoneaster integerrimus)* und die Mehlbeere *(Sorbus aria)*.

Abbildung Seite 92:

Abb. 26: Abstieg zur Saugasse; im Vordergrund Hochstaudenfluren.

Abbildungen Seite 93:

Abb. 27 (oben): Die Saugasse führt in vielen Kehren über einen Hangschuttkörper, der nur lückig mit Vegetation bedeckt ist.

Abb. 28 (unten links): Die ehemalige Lichtweidefläche der verfallenen Schrainbachalm wird von Hochstaudenfluren eingenommen. Umgeben ist diese Rodungsinsel von montanem Bergmischwald.

Abb. 29 (unten rechts): Blick zum Königssee. Dahinter Einschnitt des Oberseetals, rechts oben die Teufelshörner.

Abb. 30 (oben links): Wasserfall des Schrainbachs. Die Felsen und auch der schräg liegende abgestorbene Baumstamm sind von Moosen bedeckt.

Abb. 31 (oben rechts): Blick über laubholzreiche Wälder der submontanen Höhenstufe hinweg zur Halbinsel von St. Bartholomä.

Bald darauf gelangen wir zum Schrainbach-Wasserfall (Abb. 30). Hohe Luftfeuchtigkeit sorgt dafür, daß die Felsen üppig mit Moosen und Farnen bewachsen sind. Auch zahlreiche Quellen entspringen im Fels und überrieseln diesen. Das abfließende Wasser strömt dem Königssee zu. Wenden wir uns um, erblicken wir von hier aus schon den Schwemmkegel von St. Bartholomä (Abb. 31), der uns als Ziel unserer Wanderung begrüßt. Buchenreiche Wälder der submontanen Stufe, denen Bergahorn, Esche, Tanne und Fichte beigemischt sind, begleiten uns dorthin.

Zusammenfassung

Der vom Wallfahrer zurückgelegte Weg führte ihn von der montanen Stufe, die normalerweise von Laub-Nadel-Mischwald geprägt ist, über die subalpine Nadelwaldstufe in die untere alpine Stufe mit Krummholz und Zwergstrauchheiden und weiter in die mittlere alpine Stufe mit der Ausbildungen von Blaugrasrasen. Anschließend gelangte er von dort, die einzelnen Vegetationszonen in umgekehrter Richtung durchschreitend, hinunter in die vor allem von der Buche geprägten Wälder der submontanen Stufe. Die durch das Klima bedingte Höhenzonierung wird jedoch, wie wir auf unserer Wanderung sehr eindrucksvoll sehen konnten, durch mannigfaltige Einflüsse abgewandelt oder verändert.

So entwickeln sich auf offen zutage tretendem Hangschutt Schuttfluren mit ganz speziell an ihren Standort angepaßten Pflanzenarten. Das Aufkommen von Bäumen ist dort ebenso wie auf Fels kaum möglich oder stark erschwert. Lange liegenbleibender Schnee läßt an den betreffenden Stellen Schneetälchengesellschaften entstehen. Auf windexponierten Graten kann sich noch die Polstersegge ansiedeln. In feuchten, geschützten Muldenlagen entwickeln sich entweder Hochstaudenfluren, Grünerlengebüsche oder Niedermoore. Nicht zuletzt veränderte der Mensch durch Holzentnahme, Weidewirtschaft und Wildhege unsere Gebirgsvegetation.

Wir konnten auf unserem Weg übers Gebirge den Einfluß natürlicher Faktoren und menschlicher Nutzung auf die Vegetationszusammensetzung und Pflanzengemeinschaften beobachten. Die Vielfalt an Pflanzenarten, die uns begegnet sind, ihr Formenreichtum und ihre besonderen Anpassungen sind sicherlich im Rahmen der Evolution zu sehen, spiegeln aber auch den Einfluß eines Schöpfers wider.

Literaturverzeichnis

ELLENBERG, H. (1986): Vegetation Mitteleuropas mit den Alpen in ökologischer Sicht. 4. Aufl., Verlag Eugen Ulmer, Stuttgart, 989 S.

LIPPERT, W. (1966): Die Pflanzengesellschaften des Naturschutzgebietes Berchtesgaden. Ber. Bayer. Botan. Ges., 39, 67–122 u. Anhang 1–70.

MAYER, H. (1974): Wälder des Ostalpenraumes. Gustav Fischer Verlag, Stuttgart, 344 S.

MERXMÜLLER, H. (1952): Untersuchungen zur Sippengliederung und Arealbildung in den Alpen, Teil I. Jahrb. Ver. z. Schutz d. Alpenpfl. u. -tiere, 17, 96–133.

MERXMÜLLER, H. (1953): Untersuchungen zur Sippenbildung und Arealgliederung in den Alpen, Teil II. Jahrb. Ver. z. Schutz d. Alpenpfl. u. -tiere, 18, 135–158.

MERXMÜLLER, H. (1954): Untersuchungen zur Sippengliederung und Arealbildung in den Alpen, Teil III. Jahrb. Ver. z. Schutz d. Alpenpfl. u. -tiere, 19, 97–139.

REISIGL, H., KELLER, R. (1987): Alpenpflanzen im Lebensraum Alpine Rasen, Schutt- und Felsvegetation. Gustav Fischer Verlag, Stuttgart – New York, 149 S.

Jmpressionen

von der Wallfahrt
über das Steinerne Meer

Jmpressionen
von der Wallfahrt
über das Steinerne Meer

Impressionen
von der Wallfahrt
über das Steinerne Meer

Impressionen

von der Wallfahrt
über das Steinerne Meer

Verborgenes Leben am Wallfahrtsweg

Ambros Aichhorn

Wir sehen die Natur oft nur verschwommen und verzerrt – gleichsam wie im Spiegelbild einer Wasserfläche. Auch dann, wenn wir scheinbar ein scharfes Bild vor uns haben, sehen wir nur die Oberfläche, eben oberflächlich.

Auch im Leben der Tiere gibt es Fröhliches und Trauriges, Lebensfreude und harte Schicksale. Wir haben keine Ahnung, wie Tiere empfinden und wie die Kreatur leidet. Einige Beispiele aus dem Leben der Insekten können uns vielleicht nachdenklich machen und die „freundlichen" und todbringenden Beziehungen der vielfältigen Wesen zueinander aufzeigen.

Unerwünschte Gäste in der Hummelkolonie

Das todbringende Ei eines Flugkünstlers

Wer kennt schon die exotische Gestalt mit breitem Kopf und frechen Fühlern, extremer Wespentaille, starken Klammerbeinen und dem langgestielten Hinterleib? Sie trägt den Namen Dickkopffliege. Der betroffenen Hummel sieht man nichts an, sie merkt es zuerst wohl selber nicht? Sie fliegt und sammelt und leidet dann wohl sehr. Zum Sterben fliegt sie nicht fort – wie das sonst üblich ist, Wenn die anderen Arbeiterinnen die Leiche vom Bau entfernen wollen, fallen Beine und Rumpfteile auseinander. Dermaßen ausgezehrt ist der Körper. Im Schutz des Nestes kann die tote Hummel auch nicht von Ameisen gefressen werden.

Im Juni des nächsten Jahres schlüpft aus dem Hinterleib eine junge Dickkopffliege. Bei uns ist *Conops rufipes* die häufigste. Sie wird einige Blüten besuchen und im blitzschnellen Flug eine Hummel überfallen und ihr ein Ei zwischen die Hinterleibsringe hineinschieben. Die Larve frißt zuerst Blut, dann Fett und schließlich alle Gewebe. Sie baut sich eine Tönnchenpuppe im Hinterleib der Hummel, weshalb dieser aufgeschwollen erscheint. Dieses traurige Schicksal erleiden die fleißigsten Arbeiterinnen.

Abtransport duch die Luft

Klein sind sie, braun oder braun mit einem gelblichweißen Querstreifen. Sie sitzen in den Blüten und ver-

Abbildungen:

Links: Sumpfspitzmaus und Ackerhummel begegnen einander, wenn die Hummelkönigin auf Nestsuche ist. Das Nest wird dem gehören, der öfter kommt und hartnäckiger ist. Das ist in vielen Fällen die Hummel, nicht der Erbauer des Nestes.

Unten: Dickkopffliege

zehren Blütenstaub. Sie lauern besonders in langen Blütenröhren. Fliegt eine Hummal an, beißen sie in deren Rüssel und lassen nicht mehr los. Die Hummel versucht mit größter Anstrengung, diesen Pollenkäfer *Antherophagus canescens* oder *A. nigricornis* abzustreifen, was ihr nicht gelingt. Unter Umständen kann sie an Erschöpfung zu Grunde gehen. Auch mit einer Pinzette kannst du den Käfer nicht wegziehen. So verbissen hält er sich fest. Im Hummelnest eingeflogen, läßt er selber los, frißt Wachs und Pollen und legt alsbald viele Eier. Hunderte von Käferlarven schmarotzen am Hummelbau. Wenn die Arbeiterinnen alt und schwach werden, durchbeißen sie auch Hummelkokons und fressen Löcher in lebende Hummellarven und -puppen. Die ausgewachsenen Käverlarven müssen zum Überwintern und Verpuppen in die Erde. Mit Zuchtkäfigen im Hause ist es bis jetzt nicht gelungen, sie zum Käferstadium zu bringen.

Eine kleine Schönheit am Steig

Gut zentimetergroß, leuchtend rot und schwarz mit einem weißen und zwei unterbrochenen, weißen Querbändern und silbrig behaarten Beinen, sonst aber unregelmäßig zottig behaart! Die Augen sind klein wie bei den Ameisen, daher die Namen „Bienenameisen oder Ameisenbiene“. Stark vertreten ist bei uns *Mutilla europaea.* Die schrillen Farben und das winselnde Brummen, wenn sie bedroht sind, sagt: „Achtung – vorsichtig“. Ihr Stachel ist dünn und lang, der Stich schmerzhaft für den Menschen. Ein Tier mit hartem Panzer, aber sehr beweglich – langlebig und zäh, auch in Gefangenschaft. Die Weibchen gehen zu Fuß, die Männchen besitzen Flügel und finden die bunte Schöne leicht am Steig, wo sie Sonne hat und schneller vorwärtskommt.

Die Weibchen suchen ein Hummelnest und legen ihre Eier in die Hummelbrut. Jede Mutillalarve verzehrt eine Hummellarve, die sich bereits eingesponnen hat. Beide sehen gleich aus, aber die eine frißt die andere und spinnt dann ein sehr starkes Kokongewebe, das die Hummeln nicht öffnen. Mit „freundlichem“ Fühlerzittern schmiegen sich die Mutillen an den warmen Hummelkörper. Mitunter knabbern sie auch mit ihren kleinen Zangen im Pelz der Hummel, wobei diese jedoch der Liebkosung eher ausweicht. Wenn eine Hummel die Mutilla packt und stechen will, kann das glatte, harte Tierchen sich leicht entwinden.

Der Eisenhut und „seine“ Hummel – Beispiel einer Koevolution

In vielen feuchten und tiefgründigen Senken entlang des Wallfahrtsweges blüht der Eisenhut. Im Alpinbereich ist es der Tauerneisenhut (Aconitum táuricum), in der subalpinen Waldstufe ist es zum größten Teil der Bunte (A. variegatum) und der Gelbe Eisenhut (A. vulparia). Der Eisenhut ist die giftigste Pflanze Europas und wurde als Heilmittel für Tier und Mensch verwendet. Jede Eisenhutblüte enthält zwei hohe Nektarien mit schneckenartiger Windung. Nur die Hummeln mit der längsten Zunge (bis 22 mm) können den Nektar erreichen. Die Gerstäckerhummel *Bombus gerstaeckeri* (gelblichbraun, schwarz und hinten weiß) hat sich darauf spezialisiert und besucht nur Eisenhutarten. Daher fällt sie erst Ende Juli aus dem Winterschlaf. Welcher Mechanismus sie aufweckt, ist unbekannt. Die Zeit der Blüte ist kurz, die Kolonie bleibt klein. Bei frühzeitigem Frost im Herbst erfriert der Eisenhut, und noch fliegende Gerstäckerhummeln verhungern – die letzte Brut stirbt. Bemerkenswert ist, daß am Steinernen Meer in großer Höhe auch die Schwesternart, die Gartenhummel *Bombus hortorum,* vorkommt. Die schwarzrote Bergwaldhummel *Bombus wurfleini* „stiehlt“ mitunter den Nektar, indem sie mit ihren sechs Zähnen je Mandibel die Hutspitze aufbeißt. Wenn sie auch den guten Pollen der sonst giftigen Pflanze haben will, muß sie extra unten am Blüteneingang die Staubgefäße brummend schütteln. Das ren-

Abbildung Seite 100:

Eine Gerstäckerhummel saugt am Hohen Eisenhut.

Abbildung Seite 101:

Der Birkenzeisig ist ein „unbekannter“, kleiner, graubraun gestreifter Finkenvogel mit roter Stirn und schwarzem Kinn. Bei alten Männchen wird die Brust mehr oder weniger rot.

tiert sich nicht, sobald genug langrüsselige Hummeln vorhanden sind. Bei der Teufelsmühle am Funtensee kann man vom Steig aus an mehreren hundert Stengeln die Blüten und deren Besucher studieren.

Die „Hübschen" lassen sich kaum sehen

Die Männchen bleiben sehr bald außer Haus, ihnen aber gefällt die warme Stube. Sie fliegen wenig und sammeln kaum Nektar und Pollen. Sie schlafen lang und fressen viel von den Vorräten. Das sind die jungen Hummelköniginnen. Fehlt im Nest die nötige Wärme, setzen sie sich irgendwo in die Sonne. Jung, aber gekämmt, farbig und glänzend, bekleidet wie in Samt und Seide. Die Männchen fliegen eifrig ihre Linien von Grasstengel zu Grasstengel oder von Strauchspitze zu Strauchspitze und markieren mit Duft. Man sieht sie bei jedem schönen Wetter. Wenn man aber bemerkt, wie eine Königin auf einem Riegel oder am Steig ein Loch in die Erde gräbt, wo sie den Winter verbringen wird, ist das eine äußerst seltene Beobachtung. Von der Erde wird sie nicht schmutzig. Mit einer einzigen Bewegung mit der runden Bürste des Putzerbeines ist der Staub vom Fühler fort und mit zwei Wischern mit den Vorderbeinen nach vorn und den hinteren nach hinten ist der Glanz wieder hergestellt.

Anmutige Vögel am Wallfahrtsweg – kaum beachtet

Der Birkenzeisig ist an und über der Waldgrenze bei den Krüppelfichten, Zirben und Latschen zuhause. Das Weibchen brütet mitunter schneebedeckt im Nest. Im Spätsommer und Herbst durchstreifen ein paar muntere Schwärme von 30 bis 50 Stück das Steinerne Meer, um die frischen Samen zu genießen. Im Winter sind sie hin und wieder auch im Tal auf Birken zu sehen, wenn Grünerlen und Latschen tief im Schnee vergraben sind.

Der Aufstieg zum Riemannhaus führt an Fichten und Latschenfeldern vorbei. Der Flugruf „Gipp-gipp ..." und der zwitschernde, trillernde Gesang stammt vom **Fichtenkreuzschnabel.** Das ist ein Zigeunervogel, der von Land zu Land zieht – immer dorthin, wo es Zapfen gibt. Die Fichte fruchtet unregelmäßig. Rund um das Steinerne Meer gibt es auch viele Latschen, deren Kerne, größer und besser sind als Fichtensamen.

Der häufigste Brutvogel auf dem Plateau des Steinernen Meeres ist der **Wasserpieper.** Laut singend steigt er himmelwärts, im Abgesang schwebt er auf den Boden nieder. Alle alpinen Matten, hinauf bis zum

Polsterrasen, werden dicht besetzt. Hier sind die Rasenflächen klein und die Wasserstellen knapp, daher sind auch die Pieper nicht so zahlreich.

Die **Alpenbraunelle** singt schallend bei den Serpentinen des Riemannsteiges. Sie bevorzugt gegliederte Felsen mit Nischen, Überhängen und Polsterpflanzen. Hier lebt aber auch der Mauerläufer. Sein Revier muß groß sein, besonders im Winter, wenn Insekten und Spinnen rar und gut versteckt sind. Dann verteidigen Männchen und Weibchen ein eigenes „Imperum“ mit wohlklingenden Pfeiflauten „Ziziziti-i“. Es ist möglich, daß man im unteren Teil der Felswände am Riemannsteig diesen Ruf hört und beobachten kann, wie der Mauerläufer auch die Alpenbraunelle jagt und vertreibt. Der lange, dünne und gebogene Schnabel ist das richtige Instrument zum Insektenfangen aus engen Ritzen.

Auch Säugetiere sind oft schwer zu beobachten

Spitzmäuse bauen für die Hummel

Spitzmäuse sind wendige Insektenfresser und verzehren täglich so viel, wie ihr eigenes Köpergewicht beträgt. Ohne ihr Verhalten zu prüfen, wurden sie von alters her zu Hummelfeinden gestempelt. In Wirklichkeit ist es ganz anders: Die Hummelkönigin folgt dem Spitzmausgeruch, sucht das Nest und beginnt dort zu bauen. Der Hummelgeruch, das gewaltige Summen und das Vibrieren des Hummelkörpers versetzen die Spitzmaus in panische Angst. Sie flieht und überläßt der Hummel das Nest. Werden jedoch beide in einen engen Käfig gesperrt und zu dauernden Begegnungen gezwungen, verliert die Spitzmaus die Angst und beißt allmählich zu. Auf den Stich reagiert sie gar nicht. Hat sie einmal getötet, wird sie das immer wieder tun. Aber in der freien Natur kommt es nicht so weit. So bauen in gleicher Weise Mäuse, Wiesel, Eichhörnchen und Meisen den Hummeln weiche Nester.

„Die Unsichtbaren“

Der **Schneehase** lebt überall im Steinernen Meer, aber niemand sieht ihn. Sobald Schnee liegt, verlaufen seine Spuren kreuz und quer. Er gleicht seine Farbe dem Boden an und ruht bei Tag in einem Versteck. Der „Unsichtbare“ läßt sich einschneien oder gräbt sich eine Höhle in den Schnee, die er bei Gefahr nicht durch den Eingang verläßt. Er durchstößt so plötzlich die Schneemauer, daß Staub und Brocken fliegen und der Feind verdutzt dasteht. Die Umfärbung auf das Sommerkleid erfolgt über Grau nach Braun, und zwar nach einem besonderen Muster. Gegen kleinere Feinde versteht er sich auch zu verteidigen: er springt hoch auf und schlägt mit unglaublicher Wucht kratzend nach vorn und nach hinten. Ich habe diese Schläge schon zu spüren bekommen.

Auch das **Schneehuhn** gehört zu den Tieren mit einer Tarnkappe. Im gescheckten Übergangskleid paßt das Weiß der Federn zum Schnee oder zum weißen Stein, die grauen Flecke zum Geröll und die dunklen Punkte zur Erde. Doch das Schneehuhn versteckt sich nicht auf Dauer, sondern fliegt auf, wenn Leute kommen.

Abbildungen:

Oben: Der Alpenmauerläufer klettert hüpfend und flatternd an der Senkrechten und am Überhang. Schmetterlingsartig schaukelt er dahin. Das ständige Zucken der Flügel läßt das Karminrot und die weißen Flecken aufleuchten.

Unten: Der Schneehase ist unsichtbar. Außer Du versteckts Dich zum Beispiel bei der Wildalm, bis es finster wird. Dann ist das Steinerne Meer lebendig. Schneehasen, Gemsen, Hermelin und Fuchs – viele huschen, schleichen, laufen oder springen über die weite Fläche.

Flechten und Moose – oftmals unbeachtete Pflanzen

Roman Türk, Robert Krisai, Helmut Wunder

Die großartige Bergwelt des Steinernen Meers vor Augen, berührt des Wandrers Fuß nach dem Verlassen der üppigen, blumenreichen Wiesen viele kleine, von ihm zumeist unentdeckte Lebewesen, die oftmals ein wahres Schattendasein führen. Im gerölldurchsetzten Wald ist eine Fülle von vielen Kleinstandorten vorhanden, die von Flechten und Moosen, aber auch von höheren Pflanzen eingenommen werden. Fallen dichte, intensiv grüne Mooskissen noch ins Auge und rufen das Gefühl nach weicher Behaglichkeit wach, so entziehen sich die Flechten meist dem Blick. Nur wenn sie als dichte Bärte von den Bäumen hängen oder als große, blattartige Gebilde über Baumborken, bemoostem Fels oder Baumstümpfen wachsen, finden sie vielleicht flüchtige Beachtung. Aber die Krusten auf Holz, Borke, Gestein und Boden erwecken kaum das nähere Interesse des Betrachters, selbst wenn sie durch ihre intensive Farbe auffallen. Eine flüchtige Wahrnehmung – und kein weiterer Gedanke wird über das Gesehene folgen. Schon Carl von Linne bezeichnete im 18. Jahrhundert diese Pilzpflanzen als das „Pöbelvolk im Pflanzenreich“. Und nur wenige tragen einen volkstümlichen Namen, wie z. B. das „Isländisch Moos“, das kein Moos ist, sondern eine Flechte. Moose stehen dem Menschen offenbar näher. „Gelber“ und „Brauner Baumbart“ ist noch geläufig, aber auch diese werden als „Baummoos“ bezeichnet. Bleiben noch die „Wolfs“-, die „Hunds-“, die „Lungenflechte“ und die „Rentierflechten“, die als solche benannt sind. Und lieben tut der Mensch nur, was er kennt, was er benennt – die Flechten sind da kaum darunter.

Und doch sind es diese kleinen Organismen, die auf Grund ihrer Lebensweise zum Faszinierendsten gehören, was die Natur zu bieten hat. Zwei vollkommen fremde Organismengruppen – Pilze und Algen bzw. Blaualgen (Cyanobacterien) bilden eine gut funktionierende Einheit, eine Lebensgemeinschaft, eine Symbiose. Während die meisten der „Algen“ auch frei lebend ohne den Pilzpartner vorkommen können, sind die Pilzpartner (Mykobiont) in ihrer Existenz auf die Photobionten (Grünalgen- und Blaualgenpartner) angewiesen. Doch fragen die Algen nicht danach, wer der Stärkere in dieser Gemeinschaft ist. Der Pilz kann sich bei ihnen holen, was er zum Leben braucht. Er hält sie vor Strahlung wohl geschützt in seinem Lager (Thallus), das sehr verschiedengestaltig ausgebildet sein kann: dünne und dicke Krusten, kleine und große blättrige Formen, strauchartige Gebilde und lang herabhängende Bärte in den unterschiedlichsten Farben. Nur in den bei Regen oder Tau stark aufquellenden Gallertflechten wird die Form (Krusten und blattartige Lager) vom Algenpartner bestimmt.

Flechten und Moose gehören zu den wechselfeuchten Pflanzen – das heißt, ihr Wassergehalt ist vom Feuchtezustand der Umwelt bzw. ihrers Standorts unmittelbar abhängig. Bei Regen, Nebel und nach nächtlichem Taufall sind die Lager gut mit Wasser versorgt und deshalb auch aufgequollen. Nur im durchfeuchteten Zustand sind sie zu den fundamentalen Lebensäußerungen der Photosynthese (Kohlendioxidassimilation) bzw. Respiration (Atmung) befähigt. Ab einem bestimmten Grad der Austrocknung erlischt die Photosynthese und die Flechte verfällt nur mehr eine sehr geringe Atmungstätigkeit, die bei völliger Austrockung des Lagers schließlich völlig aufhört. Die ungünstigen Phasen überdauern sie im „Trockenschlaf“, um bei feuchtegünstigen Umständen sofort wieder zum Leben zu erwachen. Viele Flechtenarten mit Grünalgen als Partner vermögen das Wasser allerdings auch in Dampfform aufzunehmen und zu quellen. Sie sind nicht an das tropfbar flüssige Wasser angewiesen. Ja einige Arten imprägnieren ihr Lager sogar mit wasserabstoßenden Substanzen und kommen zumeist nur an Standorten mit hohem Feuchtegrad der Luft vor, in Schluchten etwa oder in Höhlungen von Bäumen. Viele Flechten vermögen lang andauernde Trockenphasen ohne Schädigung zu überstehen, ja es scheint so, als wären die meisten auf den ständigen Wechsel von Feuchte- und Trockenphasen angewiesen, um überleben zu können.

FLECHTEN siedeln überall dort, wo die Konkurrenz durch höhere Pflanzen und durch Gefäßkryptogamen wie Farne, Schachtelhalme und Bärlappe oder durch Moose nur sehr gering ist. In üppig blühenden oder stark gedüngten, grünen Wiesen finden sie keinen Lebensraum. Sehr wohl aber in naturnah strukturierten Wäldern mit einer Vielfalt von Kleinhabitaten und Substraten. Ihre Unterlagen (das Substrat) sind zumeist extreme Lebensräume, wie Gesteinsoberflächen, Baumborken, Holz von stehenden und liegenden Baumleichen, Rohböden, Rohhumus und Torf, abgestorbene Mooskissen oder nackte Erde, aber auch vom Menschen geschaffene und gestaltete wie Beton, Eternit, Ziegel, Grabsteine, Holz von Heuschobern und Dachschindeln. Viele Flechten sind beim Substrat äußerst wählerisch. Einige wachsen nur auf sauren, harten, silikatischen Gesteinen, andere wiederum nur auf Kalk. Ja es gibt sogar einige Flechten, die ausschließlich auf schwermetallreichem Untergrund vorkommen. Auch „Bösewichte“, die parasitisch auf anderen Flechtenarten wachsen und sich die Algen der Wirtsflechte im wahrsten Sinne des Wortes einverleiben, sind gar nicht so selten.

Mit zunehmender Seehöhe nimmt die Konkurrenzkraft der höheren Pflanzen infolge der Verkürzung der Vegetationszeit ab. Der Wald lichtet sich, ja er kommt schließlich nicht mehr auf, es beginnt das Reich der Zwergsträucher, Windheiden und der alpinen Rasen. In der subalpinen und alpinen Stufe gedeihen die Flechten prächtig, in dichten Kissen liegen die Strauchflechten dem Boden auf, als bunte Krusten überziehen sie vor allem in den silikatischen Bereichen den Fels. Auf Kalk sind die meisten nicht so auffällig ausgebildet. Damit sie aber den Unbilden des kalten Klimas widerstehen können, müssen sie sehr unempfindlich gegen tiefe Temperaturen sein. Und das sind sie. Setzt man sie im Experiment Temperaturen von –176° C selbst über längere Zeit aus, überstehen sie diese Prozedur ohne erkennbare Schädigung. Ja sie sind sogar sofort wieder zur Photosynthese befähigt, wenn sie in „normale“ Temperaturbereiche überführt werden.

Wer je als Wanderer im Gebirge bei strahlender Sonne die Hand auf Felsen gelegt hat, der weiß, wie heiß diese werden können. Viele gesteins- und bodenbewohnende Flechten sind an diese trocken-heißen Standorte angepaßt. Sie überstehen im ausgetrockneten Zustand eine Hitzeeinwirkung von 80° C unbeschadet. Im feuchten Zustand sind sie allerdings sehr wärmeempfindlich. Hier genügen schon etwa 36° C, um ihre Lebengeister (Vitalität) zum Erlöschen zu bringen. Allerding trocknen sie bei Sonneneinstrahlung sehr rasch aus, sodaß sie in der Natur nie hohen Temperaturen im feuchten Zustand ausgesetzt sind. Flechten sind also ein Sinnbild für Ausdauer und Durchhaltevermögen.

Ein Schiff fährt ab. Leute stehen am Ufer und winken. Das Schiff wird immer kleiner. Schließlich ist es nur noch ein Punkt am Horizont und verschwindet aus unserer Sicht. Schiff und Leute sind fort, sagen sie am Ufer. Was heißt fort? Sie sind nicht mehr an unserer Seite. Aber das Schiff hat noch die gleiche Größe, und die Leute freuen sich auf das andere Ufer. Dort werden sie herzlich begrüßt und umarmt. Hier sieht man die Tränen in den Augen. – Die Toten sind fort und uns doch so nahe. Näher als vorher. Der Geist kenn keine Grenzen. Die Toten brauchen unser Gedenken und unser Gebet. Wir brauchen ihre Gemeinschaft und ihre Hilfe.

Ambros Aichhorn

So hohe Ansprüche manche Flechten an den Chemismus und die Struktur des Substrats stellen, so sind viele baumbewohnende und auf saurem Silikatgestein siedelnde Flechten geradezu Hungerkünstler. Sie leben von den Mineralstoffen, die ihnen aus der Luft und über die Niederschläge zugeführt, bzw. die im Kronenraum aus den anströmenden Luftmassen herausgefiltert werden. Daraus und aus der Tatsache, daß sie nur in feuchtem Zustand physiologisch aktiv sind, erklärt sich unter anderem das langsame Wachstum vieler Flechten. Anders als für uns Menschen spielt für sie die Zeit nur eine untergeordnete Rolle, „time“ ist für sie „no money“. Deshalb werden manche von ihnen uralt, vor allem solche auf silikatischem Gestein in großen Höhen. Man sagt, mehrere tausend Jahre. Nur wenige haben es eilig mit dem Wachstum, wie etwa großblättrige Hunds- und Lungenflechten. Aber auch diese schaffen nur etwa 7 bis 20 mm Zuwachs im Jahr. Flechten sind also ein Sinnbild für Genügsamkeit und Bescheidenheit. Und Wegbereiter für andere Pflanzen sind sie, da sie den nackten Fels und rohe Böden bewachsen und so die Bodenbildung einleiten können. Dies alles kann bei der Wallfahrt in den Sinn kommen.

Der Mensch mit seinem umweltunbedachten Handeln kann diesen Überlebenskünstlern allerdings arg zusetzen. Für uns heutzutage muß ja alles rasch gehen. Die kurzen Umtriebszeiten der Wälder reichen zumeist nicht aus, um Altbäume oder gar Totholz bewohnenden Flechten Lebensraum zu bieten. Die Geschwindigkeit unserer Fortbewegung ist mit ungeheurem Energieaufwand verbunden, der nur durch die Verbrennung fossiler Energieträger gedeckt werden kann. Auch die Produktion von möglichst viel in möglichst kurzer Zeit ist mit einer überbordenden Energiefreisetzung verbunden. Die Luft ist dicker geworden in den letzten Jahrzehnten. Viele Flechten halten die chemische Be-

---

Abbildung Seite 105:
Brauner Baumbart auf Lärchenast

lastung, die durch das menschliche Streben nach kurzfristiger Gewinnmaximierung bedingt ist, nicht aus. So sind schon viele empfindliche Arten großräumig aus Europa verschwunden und sie finden nur mehr wenige Refugien in den weniger dicht besiedelten, vor belasteteten Luftmassen abgeschirmten Alpentälern. Manche sind schon ausgestorben – ohne Mitleid, ohne Mitgefühl haben die letzen Exemplare in aller Stille hre Existenz ausgehaucht. Behutsamkeit für außermenschliches Leben – den Mangel daran spüren die Flechten zuerst.

Dabei sind Flechten für viele Tiere als Nahrung von Bedeutung. In den kargen, kalten Flächen der Subarktis und der Arktis dienen vor allem die Rentierflechten den Rentieren in Lappland und den Caribous in Nordamerika als das Winterfutter. Auch Elche und Moschusochsen verschmähen die Flechten nicht. Am liebsten fressen sie eine Rentierflechte, die wenig bittere Flechtenstoffe enthält, nämlich Cladonia stellaris. Die Flechten halten sich unter der winterlichen Schneedecke frisch, während die höheren Pflanzen sich schon längst zurückgezogen haben. Das Isländisch Moos *(Cetraria islandica)* wurde in vielen Gegenden Norwegens auch als Viehfutter für Kühe, Schafe und Schweine verwendet – aber nur in Notzeiten.

Auch für den Menschen waren sie in Notzeiten willkommen. So wurde das Isländisch Moos aufgekocht, um es von den Bitterstoffen zu befreien. In Milch eingelegt als Grütze gegessen, bewahrte es in Kriegszeiten so manche Familie vor dem Verhungern. Auch Gallerte wurde aus dem Isländisch Moos hergestellt, doch bedurfte diese einiger Aufbesserung des Geschmacks durch Wein, Rosinen, Zimt und anderer Ingredienzien. Auch Brot und Kekse wurden nach Entbitterung direkt aus Flechtenmehl hergestellt. Das Manna der Wüstengebiete hat sich als eine Flechtenart *(Sphaerothallia esculenta,* früher auch *Lecanora esculenta* genannt) herausgestellt. Nicht zuletzt wird auch das wichtigste Berauschungsmittel für den Menschen, Alkohol, aus Flechten hergestellt. Hierfür werden sie mit schwacher Säure behandelt, um aus leicht spaltbaren Kohlenhydraten Traubenzucker herzustellen. Dieser wiederum wird vergoren. Da das Nachwachsen der Flechten aber einen längeren Zeitraum in Anspruch nimmt, stehen nicht genügend Mengen zur Verfügung, sodaß sich die Alkoholproduktion als nicht rentabel erweist. Flechten – ein Segen für den Menschen in Notzeiten! In Zeiten des Überflusses verschwinden sie aus dem Gedächtnis – ihr großflächiges Zurückweichen aus weiten Gebieten Europas fällt gar nicht auf.

Viele niedere Tiere wie Wimpertiere, Milben, Insekten und Schnecken ernähren sich von Flechten. Die Raupen von nicht weniger als 87 Schmetterlingsarten z. B. fressen an Flechten. Zumeist tun sie das aber nur nach Regen oder in den frühen Morgenstunden, wenn das Flechtenlager gut mit Wasser aufgesättigt und daher weich ist. Denn im trockenen Zustand, in dem die Flechten spröde und hart sind, wäre es rasch um die Kauwerkzeuge der Insekten geschehen. Doch werden Flechten von Tieren nicht nur gefressen. Manche Vögel bauen sich ihre Nester aus Flechten oder weben Flechten mit ein in kunstvolle Nester. Andere Tiere verwenden Flechten als Tarnung, indem sie Flechtenmuster von borkenbewohnenden Flechten auf den Flügeln und Flügeldecken imitieren. Ja sogar Spinnen ahmen Flechtenmuster nach. Der Biologe spricht in solchen Fällen von Mimikry.

Flechten sind nicht nur Nahrungsmittel. Sie werden vom Menschen auch als Schmuck verwendet. Viele Grabkränze sind aus *Cladonia stellaris,* einer relativ raschwüchsigen Rentierflechte, gebunden. Bei Architektenmodellen und Modelleisenbahnen spielt diese Flechte als „Baumersatz" eine wichtige Rolle. In manchen Gegenden werden Püppchen aus Bartflechten hergestellt, ebenso Masken, die wilde, bärtige Gesellen darstellen sollen. Da die Bartflechten in ihren Beständen allerdings nicht nur bei uns stark gefährdet sind, ist eine derartige Brauchtumspflege mit sehr großer Skepsis zu betrachten.

Als Besonderheit galten und gelten Flechten in der Parfum- und in der Färbeindustrie. Chypre, ein wichtiger Parfumrohstoff, wird aus dem „Eichenmoos" *(Evernia prunastri)* extrahiert. Vor dem technisch-chemischen Fortschritt wurden aus einigen Flechtenarten noch bis in unser Jahrhundert lichtbeständige Farben hergestellt. Sie wurden vor allem für das Färben von Schafwolle verwendet. Die Art *Pseudevernia furfuracea* dient heute noch als Trägerin einer Grundsubstanz für die Bemalung von Bauernmöbeln, rustikalen Kleiderbügeln usw. eine Rolle. Allerdings ist auch dieser Brauch angesichts des Flechtensterbens der letzten Jahrzehnte mit einer gewissen Problematik behaftet.

Auch Heilung können Flechten dem kranken Menschen bringen. Bei Bronchitis und Keuchhusten hilft das Isländisch Moos, das Bestandteil von vielen Hustentees ist. Die gelb gefärbte Usninsäure von „Gelben Baumbart" *(Usnea spec.)* hat eine antibiotische Wirkung und wird Tabletten und Salben beigemischt.

All das sollte der Pilger wissen, bevor er sich auf den Weg von Maria Alm nach St. Bartholomä macht. Dann beachtet er vielleicht die kleinen Geschöpfe, die ihm der liebe Gott auf der Wallfahrt in verschiedenen Formen als Zierde entlang des steinigen Wegs begegnen läßt. Will man sie näher betrachten, so muß man sich ihnen schon zuneigen, auf sie zugehen und die Distanz abbauen. Ja, sogar auf die Knie muß man, um die auf dem Boden wachsenden Flechten in all ihren schönen Formen zu erfassen. Doch dazu ist bei der Wallfahrt keine Zeit, sie hat einen anderen Zweck, als diese kleinen Lebewesen zu ergründen. Fallen sie jedoch ins Auge, sollten sie schon als Sinnbild von Gottes Langmut und ewiger Zeit erkannt werden. Und das fällt bei der Wallfahrt nicht schwer, denn der Weg ist von Flechten gesäumt, wenn auch von zum Großteil unauffälligen.

In den Gärten um Maria Alm sind sie als graue und gelbe Flecken auf den Obstbäumen zu erkennen. Auch auf alten Holzzäunen wachsen sie und auf Dachziegeln. *Lecanora muralis* bildet hier zumeist schöne, kreisrunde Lager mit grauer bis graugrüner Farbe. Der Weg durch den Griesbachwinkl und die Stablerau ist ziemlich trocken, sodaß hier fast nur bodenbewohnende Flechten aufkommen. Nur dort, wo der Nadelwald etwas dichter geschlossen ist, sind auch die Borken der Fichten, Föhren und Lärchen mit Flechten besiedelt. Die Seitenäste der Nadelbäume sind mit einer Reihe von grau gefärbten Flechten bewachsen, von denen *Pseudevernia furfuracea* und *Hypogymnia physodes* den Hauptanteil bilden. *Pseudevernia furfuracea* fällt durch die schön zugespitzen Lagerenden und die deutlich unterschiedliche Färbung von Ober- und Unterseite auf: Die Oberseite ist grau, mit vielen Stiftchen versehen, die Unterseite von weiß, rosa bis schwarz gefärbt, ist meist runzelig.

Die Tannen sind reichlicher mit Flechten bedeckt. Ihre Borke hat für das Flechtenwachstum günstige chemische und physikalische Eigenschaften. Für viele Flechten ist die Tanne der bevorzugte Lebensraum, ja es gibt sogar einige Arten, die ausschließlich auf Tanne wachsen, wie z. B. die Krustenflechten *Loxospora cismonica* und die sehr unscheinbare *Stenocybe major,* deren Fruchtkörper gestielt sind und wie kleine Bartstoppeln mit Köpfchen aussehen. Nur dem Menschen gefällt die Tanne nicht so gut, denn sie wächst ihm zu langsam – die schneller wüchsige Fichte gefällt ihm da schon besser, weil sie früheren Profit bringt. Die Fichten und Kiefern tragen allerdings nur am bodennahen Stammbereich einen reichlicheren Flechtenbewuchs, denn dort ist es feuchter.

Auf den bodennahen Kalkfelsen im Wald sind viele Krustenflechten zu finden, ebenso goldgelb gefärbte Algenmatten, die von der Vertretern der Gattung Trentepohlia gebildet werden. Diese Alge ist als Photobiont in einer Flechte mit auffälligen, krugförmigen Fruchtkörpern, nämlich in *Gyalecta jenensis.* Diese haust an den feuchten, schattigen Nordseiten von Kalk- und Dolomitfelsen. Auf den etwas trockeneren Abschnitten der Felsen überzieht eine schwarze Kruste mit blauem Rand den harten Untergrund, es ist dies *Placynthium*

Abbildungen Seite 107:

Oben links: Ochrolechia upsaliensis auf Polstern der Steifen Segge.

Oben rechts: Thelotrema lepadinum, eine Flechte in sehr luftfeuchten Lagen.

Mitte: Gyalecta jenensis wächst auf beschattetem Kalkfels.

Unten links: Caloplaca aurea, eine Zierde in Felsspalten von Kalkfels.

Unten rechts: Xanthoria elegans wächst auf gedüngtem Fels.

nigrum, die auf Kalk- und Dolomitfelsen aus den Tieflagen bis in große Höhen (über 2600 msm) steigt. Hundsflechten (aus der Gattung *Peltigera*) überziehen als großflächige, blattartige Gebilde die dichten Mooskissen über Stein und Baumborken, aber auch Baumstümpfe. Im feuchten, aufgequollenen Zustand sind sie schwarzblau gefärbt, mit einem intensiven Pilzgeruch, elastisch und biegsam, trokken sind sie grau bis braun, spröde. Viele von diesen Hundsflechten fruchten häufig. Wie kleine Finger mit braunen Fingernägeln sehen die Lagerlappen aus, die die Fruchtkörper tragen. Bei einer Art *(Peltigera horizontalis)* wachsen die fast kreisrunden Fruchtkörper immer parallel zur Unterfläche, sodaß sie wie kleine Scheibchen aussehen, die das Lager bedecken.

Blumen spinnen nicht und weben nicht, aber ihre Kleider sind schöner als König Salomo in seiner Pracht. Unbeschreiblich – Dichter können solche Formen und Farben nicht schildern.

Ambros Aichhorn, vergl. Mt. 6,29

Wasser und Schnee bewegtes Geröll meiden sie. Sie siedeln nur dort, wo die Schuttmassen zur Ruhe gekommen sind. Daran kann man gut erkennen, ob der Felsblock frisch herausgebrochen ist: er trägt keinen Bewuchs von Flechten und Moosen. Über ruhendem Schutt wuchern die Moose und zwischen oder auf ihnen die Flechten. Sie bieten das Keimbett für die höheren Pflanzen auf unwirtlichem Untergrund. Viele unscheinbare Krustenflechten wachsen hier auf den Moosen, verfärben sie grau oder braun. Nur mit der Lupe sind ihre Fruchtkörper erkennbar. Auch Becherflechten, vor allem *Cladonia pyxidata,* siedeln hier.

Ab 1100 Meter werden die Feuchteverhältnisse für die baumbewohnenden Flechten schon etwas besser, begründet durch häufigere Nebel- und Wolkenbildung in dieser Höhenstufe. Der Bewuchs auf den Seitenästen wird immer dichter, auf abgestorbenen Ästen sind die Flechten als dichte Kissen auf der Oberseite zu sehen. Zuweilen hängen schon Bartflechten von den Ästen oder sie stehen als kleine, dichte Büsche von den Stämmen und Ästen ab. Auf geneigten Stämmen ist die Oberseite, die mehr Regen und Nebeltröpfchen abbekommt, oftmals dicht mit Moosen und Flechten bewachsen. Hier vermorscht die Borke, sie kann viel Wasser speichern und dient den Moosen als wichtige Wasserquelle.

Auf stark vermoderten Baumstümpfen und am Stammgrund von Nadelbäumen entwickeln sich die becherförmigen Fruchtkörperträger (Podetien) verschiedener *Cladonia*-Arten: Schön geformte Becher mit auffallend roten oder braunen Fruchtkörpern, die Becherränder bei einigen Arten mit Sproßungen versehen, andere wieder haben offene Becher, sodaß man ins Innere sehen kann. Manche sind dicht beschuppt, einige mit einem feinen Staub überzogen, andere haben eine schollige Oberfläche. Wieder andere bilden nur einfache Stielchen auf den Grundschuppen aus, die Fruchtkörper in den verschiedensten Farben. Der Form und Gestaltung sind keine Grenzen gesetzt. Vielfalt als das Regelmaß der Schöpfung!

Ruhe brauchen sie, die Flechten, um gut wachsen zu können und Zeit, ungestörte Zeit! Frisches und vom

Mit zunehmender Höhe gelangen wir zu den Latschenfeldern, die am Boden dicht mit Schneeheide und Moosen durchsetzt sind. Der Boden ist hier sauer, bedeckt mit Rohhumus, hier besteht nur mehr ein sehr geringer Stoffaustausch mit dem Untergrund. Das ist ein idealer Lebensraum für Rentierflechten. Die grau gefärbte *Cladonia rangiferina* sowie die gelbe *Cladonia arbuscula* bilden hier dichte Kissen zwischen den Latschen. Auch eine kleine, unscheinbare Krustenflechte, *Saccomorpha icmalea,* verrät sich als samten brauner Überzug auf dem Rohhumus und zeigt an, daß nur wenige Nährstoffe vorhanden sind. Mit ihnen vermengt wächst die Gabelflechte, *Cladonia furcata.* Auch die kleinen Matten von *Cladonia symphycarpa* bilden sich hier an Stellen, wo die Rohhumusauflage nur mehr geringmächtig ausgebildet ist. Diese Flechte braucht den Kalk aus dem Untergrund. Auf dem nackten Boden bildet die Gallertflechte *Collema tenax* dunkle Krusten, die bei sich bei näherem Hinsehen als schöne, blättrige Gebilde entpuppen. In diesem sonnendurchglühten Schuttfeld mit den Latschen können sich kaum borkenbewohnende Flechten entwickeln. Es ist hier zu trocken.

An den Weganrissen bildet *Solorina saccata* schöne, großblättrige Lager aus. Feucht sind diese leuchtend grün, trocken dagegen braun-grünlich, mit einem weißlichen Puder überreift, fast nicht wieder zu erken-

---

Abbildungen Seite 109:

Links: Die Lungenflechte zeigt reine Luft an.

Rechts: Die Wolfsflechte siedelt auf Holz und Borke von Lärchen und Zirben.

nen. Doch ihre sackartig eingesenkten Fruchtkörper verraten ihre Art. Ihre Sporen sind sehr groß, sogar mit dem freien Auge sichtbar. Auch die bräunende Hundsflechte, *Peltigera rufescens* wächst auf nacktem Kalkboden.

Ein Buchenbestand hat sich oberhalb des Latschenfeldes am Wegrand erhalten. Auf den Stämmen dieser Buchen finden sich infolge günstigerer Feuchteverhältnisse eine Reihe von Flechten mit großflächigen blättrigen und krustigen Lagern ein. Ein buntes Farbengemisch von grau, grün, gelb, weiß auf den Borken, mit unterschiedlichster Struktur der Oberflächen, offenbart sich dem näheren Betrachter. Die staubig aufbrechenden Lager von *Pertusaria albescens* sind als große, weiße Flecken zu sehen, als schwarz-düster gefärbte dagegen die Lager von *Parmeliella tryptophylla.* Manche *Pertusaria*- und *Ochrolechia*-Arten töten mit ihren Flechtenstoffen andere Flechten und auch Moose ab und überwachsen sie. Der Lebensraum ist auch auf den Baumstämmen knapp, die Konkurrenz ist auch hier groß. Auf jüngeren Buchen fallen weiße Querbänder auf, die von den krustigen Lagern von *Phlyctis argena* und *Lecanora*-Arten gebildet werden.

Je mehr wir uns den Felswänden nähern, desto eher treffen wir auf größere, zur Ruhe gekommene Felsblöcke. Auf diesen fallen die schwarzen, zum Teil fast kreisförmig ausgebildeten Lager von Gallertflechten der Gattung *Collema* auf. Auch weißlich und grau gefärbte Krusten verraten, daß Flechten direkt im Gestein wachsen müssen. Viele Arten von Warzenflechten (*Verrucaria*-Arten) bilden ihr Lager direkt im Gestein aus. Nur die kleinen, schwarzen Öffnungen verraten die im Gestein versteckten, warzenförmigen Fruchtkörper. Kratzt man mit einem Messer an der Oberfläche und befeuchtet diese Kratzspur, so kann man durch die Grünverfärbung erkennen, daß die Flechtenalgen direkt im Gestein sitzen. Auch schwarze, fast kreisrunde bis halbkugelige Fruchtkörper ragen direkt aus dem Gestein heraus, meist in Bodennähe oder auf der Nordseite von Steinblöcken, wo die Feuchteverhältnisse günstiger sind. Das Lager dieser Krustenflechten (zumeist zu den Gattungen *Lecidella* und *Farnoldia* gehörig) ist im Stein verborgen.

Auf den von den eiszeitlichen Gletschern abgeschliffenen Felsoberflächen fallen stellenweise senkrechte, dunkle Bänder, die sogenannten „Tintenstriche“, auf. Diese werden von winzigen Blaualgen gebildet, die überall dort aufkommen, wo wenigstens zeitweise Wasser aus den Spalten austritt und die Felsflächen benetzt. Auf senkrechten Felsflächen sind die weißen Lager von *Toninia candida* ausgebildet. Mit ihr gemeinsam wächst oftmals eine einblättrige Flechte, die nur an einer Stelle mit dem Fels verhaftet ist, nämlich *Dermatocarpon miniatum.*

Mit zunehmender Höhe ändert sich die Flechtenflora. *Cetraria islandica,* das Isländisch Moos, tritt häufiger auf, auch verschiedene *Cladonien* finden sich ein. Auf der schwarzen Erde, die sich in Felsspalten ansammelt, wächst auf sonnenausgesetzten Stellen *Toninia caeruleonigricans* mit seinem bläulichen Lager, auf

feuchten, schattigen *Mycobilimbia lobulata* und *Dacampia hookeri,* die dort weiß- bis grau-grüne Lager ausbilden. Die senkrechten bis überhängenden, durch das Eis der Eiszeiten geglätteten Kalkfelsen sind der Lebensraum für eine Flechte, die ganz besondere Standortansprüche hat, nämlich *Squamarina lamarckii.* Sie wächst fast ausschließlich auf diesen senkrechten bis leicht überhängenden Felsen, die von schwer verwitterndem Kalk aufgebaut sein müssen. Ihr cremefarben weißlich gelbliches Lager fällt schon von weitem auf, kann es doch Durchmesser bis 50 cm und darüber erreichen. Diese Flechte ist wohl eine Diva im Reich der Felsbewohner, anspruchsvoll an den Untergrund mit seinen chemischen und physikalischen Eigenschaften. Nein, sie wächst nicht auf jeder offenen Felsfläche, da müssen schon viele Bedingungen zusammenkommen, damit sie ihr aus Schollen aufgebautes Lager entwickelt.

Ja, halten wir einen Augenblick am Fels, dem toten, inne. Gibt es ihn überhaupt, den toten Fels? Wieviel Leben wuchert doch an seiner scheinbar toten Oberfläche und darunter! Die Höhlungen kleiner, ausgefallener Fruchtkörper verschiedener felsbewohnender Flechten verraten, daß hier Leben im Stein war und immer noch ist. Ein „Ja“ zum Leben auch unter widrigsten Bedingungen. Ohne Bequemlichkeit, ohne Schutz nur Leben!

Auf der Plateau-Fläche des Steinernen Meeres sind selbst für Flechten die Lebensmöglickeiten gering. Zu weich sind dort die Kalke, zu stark die Erosion durch Wasser und Eis, als daß sich dort stabile Felsoberflächen ausbilden könnten. Die Schratten und Karren zeigen an, daß hier die chemische Verwitterung sehr stark ist. Hier können sich nicht einmal Flechten halten. Lediglich mit Erde gefüllte Felsspalten bergen eine gold-orange-rötlich gefärbte Krustenflechte, *Caloplaca aurea.* Diese ist hier sehr auffällig, ebenso wie die rot bis rostrot gefärbte *Xanthoria elegans,* die sich an Vogelsitzplätzen einfindet, weil sie dort die nötige Düngung vorfindet. Mit ihr ist die hellgrau gefärbte *Physcia dubia* vergesellschaftet. Aber sonst ist die Karstfläche karg. Lediglich an exponierteren Stellen, wo etwas härtere Felsflächen dem Wind ausgesetzt sind, wächst *Rhizocarpon umbilicatum* mit leuchtend weißen, fast kreisrunden Lagern. Auf kleinen Rasenfeldern in Felsmulden windet sich die weißliche, wurmförmige (daher auch der Name „Wurmflechte“) *Thamnolia vermicularis* am Boden, auf nackter Erde bilden sich die rot gefärbten Schuppen von *Psora decipiens.*

Doch dann werden die grünen Kissen und Sträucher auf dem nordwärts abfallenden Plateau wieder häufi-

---

Abbildungen Seite 110:

Links: Icmadophila ericetorum bildet grüne Überzüge auf Moosen und Faulholz.

Rechts: Physcia tenella, eine Flechte auf gedüngten Baumborken.

Abbildung Seite 111:

Steifes Haarmützenmoos *(Polytrichum strictum)*

ger, die Wuchsbedingungen für höhere Pflanzen günstiger. Auch die Flechten profitieren von der Zunahme an besiedelbaren Oberflächen. Holz ist wieder da, härterer Fels, Borke von Bäumen. Ja, und im Baumgartl, das nach dem Gang über die karge, gleißende Karstfläche wie ein Vorhof zum Paradies wirkt, da sind sie wieder, die baumbewohnenden Flechten. Unter ihnen ist eine ganz auffällige, intensiv gelb-grün gefärbte, die Wolfsflechte *Letharia vulpina.* Auch sie ist sehr anspruchsvoll, sie wächst nur auf Borke und Holz von Zirben und Lärchen in kontinental getönten Gebieten. Dort, wo die Niederschläge auch in größeren Höhen nicht mehr so ergiebig sind. Und giftig ist sie. Zum Wölfe Vergiften haben sie unsere Ahnen verwendet. Offensichtlich erfolgreich, wie das Aussterben der Wölfe im Alpenreich zeigt. Der Mensch duldet keine Konkurrenz, schon gar nicht durch Tiere. Da sind ihm sogar Flechten recht, um diesen reißenden, geifernden Untieren den Garaus zu machen. Ob sich der Mensch da nicht geirrt hat? Oder bei den Bären, beim Luchs oder .... lang ist die Liste der ausgerotteten und verschwundenen Tiere.

Das Totholz der Nadelbäume wird im Baumgartl von dem gelben, krustigscholligen Lager von *Cyphelium tigillare* geziert. Schwarze Fruchtkörper in leuchtend gelb-grünen Schollen – welch ein herrlicher Kontrast! Auch *Lecanora varia* ist mit dabei und viele andere Krustenflechten. Das Totholz bleibt lange erhalten, sie überdauern uns, die Flechten, wie auch die Bäume uns überdauern. Das ist das Zeitmaß der Natur, das zu sehen und zu beachten wir lernen müssen, wollen wir der Zukunft und der zukünftigen Welt leben!

Am Weg vom Kärlingerhaus zur Saugasse wird die Flechtenflora wieder zahlreicher. Die Regen bringen hier mehr Feuchtigkeit als auf dem Plateau und der Südseite. Die Bäume sind hier dichter mit Flechten bewachsen. Auch die Bartflechten sind zahlreicher auf den Seitenästen der Nadel- und Laubbäume entwickelt. *Evernia divaricata* hängt wirr zwischen den Fichtennadeln, Gelber und Brauner Baumbart (*Usnea-* bzw. *Bryoria*-Arten) dominieren in den kühl-feuchten Wäldern.

In St. Bartholomä angekommen, betritt der müde, erschöpfte Wallfahrer ein wahres Flechtenparadies. Bedingt durch die Gunst der Lage am Königssee sind die Feuchtigkeit und die Temperaturen äußerst förderlich für das üppige Wachstum von Flechten. Vor allem auf den Bäumen finden sich die größte Seltenheiten, denn hier stehen noch viele alte, würdige Vertreter von Ahorn, Tanne und Buche. Auch die eigentlich nicht einheimischen Roßkastanien zeigen einen dichten Bewuchs mit vielerlei Flechtenarten. Viele von ihnen haben hier ihre letzten Rückzugsgebiete in Deutschland. In den anderen Gebieten sind sie bereits ausgestorben, wie z. B. die äußerst seltene *Pertusaria waghornei,* die auffällige Krusten auf der Borke von alten Buchen ausbildet. *Parmelia perlata* und *Sticta sylvatica* gehören zu den großen Raritäten. Sogar *Sticta fuliginosa,* eine vom Aussterben bedrohte Art, findet sich

hier ein. Im feuchtem Zustand riecht sie intensiv nach Harn, mit guter Nase kann man sie schon von weitem riechen. Die bandartigen, strauchförmigen Lager von *Ramalina*-Arten bedecken die Stämme der Laubbäume. Ein sattes, prächtiges Flechtenwachstum!

Ausdauer, Bescheidenheit, Durchhaltevermögen und Genügsamkeit, dies soll wohl die Botschaft sein, die uns der Schöpfer in Gestalt dieser eigenartigen Symbiosewesen mit auf den beschwerlichen Weg der Pilgerfahrt gegeben hat. Das Maß der kleinen Ewigkeit, das zeigen soll, welche Stellung uns Menschen im Rahmen der Schöpfung zukommt!

Die phantastische Welt der Berge lädt uns manchmal ein, nach „Phantasien“ zu gehen, die Phantasie spielen lassen. Es gibt Menschen, die nie nach Phantasien kommen und von den realen Zwängen des Lebens fast erdrückt werden. Vielleicht haben auch wir schon das Träumen verlernt. Nicht bloß träumen von Glück, Gesundheit, Urlaub und Geld, sondern von neuen Wegen, die man selber gehen will; von der Hoffnung, daß nicht alles so bleiben muß, wie es ist.

Ambros Aichhorn

Unbeachtet – unerkannt: zu den kleinen Dingen am Wege, die wenig auffallen, aber trotzdem eine wichtige Rolle im Naturhaushalt spielen, gehören auch MOOSE. Oberhalb der Baumgrenze treten sie vielfach neben den Flechten als Erstbesiedler auf; in ihren Polstern fangen sich Gesteinsabrieb und Humus, wodurch die Bodenbildung in Gang kommt und das Gelände für die Blütenpflanzen vorbereitet wird.

Die Anpassungsfähigkeit der Moose an unwirtliche Außenbedingungen ist groß. Manche Arten sind auf triefende Nässe spezialisiert, andere können wochenlange Sonnenhitze ebenso ertragen wie das Dunkel von Felsspalten, in die kaum ein Sonnenstrahl dringt. Wie alles Leben sind auch Moose an das Vorhandensein von Wasser gebunden; gibt es davon viel, gedeihen sie bestens, gibt es weniger, bleiben sie kleiner und spärlicher. Gerade in den Kalkalpen ist Wasser aber eher Mangelware; im klüftereichen Kalkgestein versickert der Niederschlag nur allzu schnell und die Oberfläche bleibt trocken. Moospolster können Wasser länger binden und so zu einer besseren Wasserbilanz beitragen.

Sehen wir uns zu Beginn (und am Ende) des Weges im Wald ein wenig um, so entdecken wir am Waldboden zumindest stellenweise eine recht dichte Moosdecke; manchmal ist auch die Rinde der Bäume zumindest an der feuchteren „Wetterseite“ mit Moosen bewachsen. Einige davon wollen wir herausgreifen und etwas näher betrachten.

Eines davon, es erinnert ein wenig an die Wedel der Farne (nur ist es natürlich viel kleiner) zeichnet sich durch einen „stockwerkartigen“ Wuchs aus, d.h. aus der Mitte des „Wedels“ treibt jedes Jahr ein neuer Trieb senkrecht nach oben, wo er sich etwa 2 cm weiter oben wieder verzweigt und einen neuen „Wedel“ bildet usw. – manchmal kann man mehrere „Stockwerke“ übereinander beobachten. Dieses „Stockwerkmoos“ (*Hylocomium splendens*) ist typisch für leicht versauerte Stellen im Wald und kommt daher hauptsächlich unter Fichten vor.

Das Gleiche ist der Fall bei den Haarmützenmoosen (Arten der Gattung *Polytrichum*), die aber, anders als das zuerst erwähnte Moos, einen aufrechten Stengel besitzen, der an der Spitze die Mooskapsel hervorbringt, weshalb Moose mit dieser Wuchsform auch „spitzenfrüchtig“ (akrokarp) genannt werden (im Gegensatz zu dem zuerst erwähnten, bei denen die Kapseln an kurzen Seitenästen stehen und die daher „seitenfrüchtig“ – pleurokarp – heißen). Die Haarmützenmoose gehören zu unseren größten Moosen und können bis zu 30 cm lang werden. Ihe Blätter sind – im Gegensatz zu denen des Stockwerkmooses – mit Ausnahme des Randes undurchsichtig. Den Grund erkennt man erst unter dem Mikroskop. Die Blätter sind nämlich mit parallelen Zellreihen, sogenannten Lamellen, bedeckt und wirken dadurch mehrschichtig. Die Sporenkapsel, die meist vierkantig ist, wird von einer aus zahlreichen Haaren bestehenden Haube verdeckt, die den Pflanzen ihren Namen gab – eben der „Haarmütze“!. Betrachten wir eine Kapsel mit der Lupe etwas genauer, entdecken wir einen bemerkenswerten Feinbau: Rund um die Öffnung sitzen Zähne, die aus hufeisenförmig gekrümmten Zellen bestehen und an deren Spitze eine Haut, das Epiphragma, die Öffnung verschließt. Bewegt der Wind oder ein Tier die Kapsel, so können die Sporen durch die Löcher zwischen den Zähnen ausgestreut werden, fast wie aus einer Zuckerdose!

Abbildungen Seite 113:

Oben: Stockwerkmoos (*Hylocomium splendens*)

Unten: Brunnen-Lebermoos (*Marchantia polymorpha*)

Unser häufigstes Rindenmoos, das fast überall zu finden ist, gehört zur Gattung der Schlafmoose (*Hypnum,* vom griechischen Wort hypnos = Schlaf). Es hat glänzende, leicht eingekrümmte Blätter, die in eine lange Spitze ausgezogen sind und nur eine kurze Doppelrippe besitzen. Der Name Schlafmoos kommt von der geneigten Sporenkapsel, die sich „schlafen legt" – die alten Mooskundler beobachteten sehr scharf!

Wenn dann höher oben Felsblöcke im Wald auftauchen, findet man darauf fast immer ein gelbbraunes Moos, das dichte, eng anliegende Überzüge bildet und regelmäßig gefiederte Stengel besitzt, das Kammoos (*Ctenidium molluscum*), ein typisches Kalkfelsmoos. Mit der Lupe erkennt man, daß die kleinen Blättchen sichelförmig gekrümmt sind. Ein weiteres Kalkfelsmoos, das nicht wie *Ctenidium* kriechende, sondern auftrechte, wenn auch zumeist kurze Stämmchen besitzt, sieht feucht und trocken recht verschieden aus. Während es im feuchten Zustand abstehend beblättert ist, rollen sich die Blätter beim Austrocknen ein und sehen dann gekräuselt aus. Schon mit freiem Auge ist zusehen, daß die Basis der Blättchen hell, durchscheinend ist und sich als Saum noch ein Stück weit am Blattrand hinauf zieht. Dieses Moos, *Tortella tortuosa,* kann man „Spiralzahnmoos" nennen, weil die an der Kapsenöffnung sitzenden Zähne, das „Peristom", spiralig gewunden sind.

Schon oberhalb der heutigen Baumgrenze, im verkarsteten Gebiet ist an etwas geschützteren Stellen, in Nischen und Spalten im Fels, ein gelbbraunes Moos zu finden, das einen unregelmäßig verzweigten, der Unterlage angepreßten Stengel und sehr kleine, zarte Blättchen besitzt, das „Falsche Leskeamoos" *Pseudoleskea incurvata.* Der Rand der Blättchen ist eingekrümmt, daher der Name! Das Moos spielt eine wichtige Rolle im Naturhaushalt: in seinen Polstern sammelt sich Flugstaub und Wasser; aus den abgestorbenen Teilen entsteht allmählich eine Klein-Bodenbildung, in der sich dann auch Gräser, wie das Alpen-Rispengras (*Poa alpina*) ansiedeln können.

Wo sich in Felsnischen etwas Humus ansammeln kann, stößt man gelegentlich auf ein weiteres Moos, das sich von allen bisher erwähnten stark unterscheidet: Es ist ein sogenanntes „thallöses" Lebermoos, dessen Pflänzchen nicht in Stengel und Blätter gegliedert sind, sondern flache, der Unterlage angepreßte Bänder, „Thalli", darstellen. Der Thallus hat keine Mittelrippe, ist aber, wie man mit der Lupe sieht, „gefeldert", d. h. durch Streifen in annähernd rhombische Felder gegliedert. Am Ende verzweigt er sich gabelig. Das Moos heißt *Preissia quadrata* und ist von den thallösen Lebermoosen, die in den Kalkhochalpen oberhalb der Baumgrenze vorkommen, das häufigste. Eine schöne Sache sind die Gametangien- (Geschlechtszellen-)Stände dieses Mooses, die man aber nicht allzu oft zu Gesicht bekommt.

So hat auch die Welt der Moose für den, der sich die Mühe und Muße nimmt, zu sehen, eine Reihe von Überraschungen zu bieten, und es lohnt sich durchaus, ein wenig bei diesen unscheinbaren Geschöpfen zu verweilen!

Literatur

AHMADJIAN, V. (1993): The lichen symbiosis. John Wiley & Sons, New York. 250 pp.

SPETA, F. (1986): Flechten als Nutzpflanzen. In: Flechten – bedrohte Wunder der Natur. Kataloge des O.Ö. Landesmuseums, Neue Folge 5: 5–25.

TÜRK, R. & H. WITTMANN (1986): Die bunte Welt der Flechten – eine Einführung. In: Flechten – bedrohte Wunder der Natur. Kataloge des O.Ö. Landesmuseums, Neue Folge 5: 5–25.

TÜRK, R. & H. WUNDER (1991): Flechten. Meister der Anpassung. In: Nationalpark 73, 4: 19–21.

TÜRK, R. & H. WUNDER (1993): Pflanzen in Felswänden – Überlebenskünstler. In: Fauna 2: 27–29.

WIRTH, V. (1980): Flechten. – Stuttgarter Beitr. Naturk. 12: 1–36.

Impressionen
von der Wallfahrt
über das Steinerne Meer

Impressionen
von der Wallfahrt
über das Steinerne Meer

Impressionen
von der Wallfahrt
über das Steinerne Meer

Impressionen
von der Wallfahrt
über das Steinerne Meer

Almwirtschaft am Steinernen Meer – einst und jetzt

Ambros Aichhorn

Schafe in öder Felslandschaft

Die Hirten der alten Zeit wußten viel zu erzählen: Lustiges und Trauriges, von Sorgen und Not, von großer Anstrengung und Lebensgefahr. Es gab auch viele Gesetze, geschriebene und ungeschriebene.

Nach der Regulierungserkenntnis von 1867 dürfen im Landesherrlichen Gebirge, genannt das Steinerne Meer, 1700 Schafe aufgetrieben werden. Davon gehören 1123 Schafweiderechte zu zehn Saalfeldener Ortschaften für 68 Bauern und 577 Weiderechte zu fünf Ortschaften in Maria Alm, und zwar wieder aufgegliedert für 30 Bauern. Auftrieb Ende Juni, Abtrieb mit 8. September, Maria Geburt, wenn es das Wetter nicht schon vorher erfordert. Verpflichtend ist ein eigenes „March“ (Markierung) für jeden Hof: Felge, Loch, Schnitt... im Ohr links oder rechts. Die Tiere müssen gehütet werden. Grenzpolizeiliche und forstpolizeiliche Vorschriften: welche Steige und Plätze beim Auf- und Abtrieb benützt werden dürfen.

Die „Schafler“ kamen den ganzen Sommer vom Berg nicht weg, immer unterwegs, damit die großen Herden der „drei Gebirge“ – Ramseiderbirg (Riemannhaus), Griesbachbirg (Funtensee) und Krallerbirg (Wildalm) – nicht durcheinander geraten. Jede Woche war ein anderer Bauer an der Reihe, dem Hirten seines Gebirgs das „Faschtl“ (die Traglast) mit Brot, Mehl, Speck, Eier und Schmalz hinaufzutragen. Luxus gab es keinen und wenig Abwechslung. Schafhirte sein war keine Romantik.

Eine Ausnahme war das Skapulierfest – das große Fest für die Almleute aus nah und fern – der einzige Sonntag, an dem sie kirchengehen konnten, sofern vom Tal eine Aushilfe kam. Die Sennerinnen vom Funtensee und der Rotalm machten eine Wallfahrt nach Maria Alm. Nach dem Gottesdienst gab es ein gemütliches Zusammensein mit Gesang und Tanz. Das ermöglichte ein Kennenlernen und, wenn es Glückskinder waren, eine Hochzeit über Berge und Grenzen hinweg.

An vielen Höfen gab es Entbehrung und Not, viele Kinder und kein Bargeld. Das Wildern und Schmuggeln war manchmal der letzte Ausweg. Wilderer gab es auf beiden Seiten über die Grenze hinaus. Einer wurde von einem bayerischen Jäger so geschlagen, daß er an den Verletzungen starb. Ein Mann schleppte einen Lodenballen auf den Berg, geriet in ein Unwetter, fand eine Höhle und ist, mit dem nassen Loden umwickelt, zu einem Eisklumpen erstarrt.

Traurige Geschichten lassen uns die Wucht des Berges, die „alte“ Zeit und das bedrohte Leben der Bergbewohner erahnen:

Der Rohrmoos Hans stieg über Freithof- und Wildalm zur Kröllhütte, wo seine Bauchschmerzen unerträglich wurden. Die Sennerinnen versuchten alles, was an Hausmittel erreichbar war. Der Doktor und der Kaplan stiegen hinauf. Gegen Grimmschmerzen (Blinddarmdurchbruch) gab es kein Mittel. Teils getragen, teils auf Latschenästen und auf einem Schlitten gezogen, wurde er am Himmelfahrtstag 1856 im Trauerzug nach Hause gebracht.

An einem verlockend schönen Herbstmorgen gingen der Rohrmoos Örg und der Wastl Peter, der zum Schaflsuchen gebeten wurde, zur Wildalm. Mittags erschienen Wolken, ein rasender Sturm und Regen, der in einen unglaublich dichten Schneeschauer überging, setzten ein. Die beiden kehrten um in Richtung Schäferhütte. Im Nu waren alle „Steintauben“ (Steinmandl) zugeschneit. Örg kannte jeden Stein – aber man sah keinen Stein und keinen Gipfel mehr. Die Männer kamen nicht heim. Eine große Suchmannschaft blieb im Schnee stecken – allseits von Lawinen bedroht. Es wurde wieder warm und aper – die Toten aber wurden in dieser endlosen, zerklüfteten Steinwüste nicht gefunden, obwohl die Frau des Peter Leichenduft wahrnehmen konnte. Der ältere Örg, ein Sechziger, ist noch weit entfernt dem hüfttiefen Schnee erlegen. Er wurde im nächsten Sommer gefunden. Der junge Peter erst nach vier Jahren – tragisch, daß er nur 10 Minuten von der rettenden Schäferhütte und nur 30 Schritte vom Steig entfernt sterben mußte.

Beim Schafabtrieb 1897 war Christer achtzehn und wollte unbedingt mitgehen – Schafe treiben, Edelweiß pflücken und das Gedächtniskreuz des erfrorenen Vaters sehen. Zweimal lief er zurück, irgendwas zu holen. Die Mutter gab ihm noch eine Schale Kaffee. Dann sagte er: „Jetzt brauch i wohl mei Lebtag nix mehr.“ Auf der Wildalm stieg er in die Lawand. Die ersten Sterne gab er seinem Begleiter Sepp und kletterte flink aufwärts. Sepp sah ihn nicht mehr. Plötzlich ein Poltern und Steinerollen – und Christer lag unten im Steingeröll. Vom Edelweißkranz auf seinem Hut war nur noch ein Stern vorhanden, den seine Mutter in eine Brosche fassen ließ. Christer war der Vierte seiner

Ahnenreihe, die so froh zu den weißen Sternen ausgezogen und tot heimgekehrt sind.

Es gab aber auch viele glückliche Almsommer und offenkundige Rettung in großer Not – Gründe genug für Dankwallfahrten über das Steinerne Meer.

Josef Kyselak berichtet 1825 vom Steinernen Meer: „Ganze Wolken brauner Pinzgauer Schafe verfolgen mich“. Salzhungrig folgen sie dem Menschen, auch wenn sie nur eine schwitzende Hand abschlecken könnten! Offenbar waren die braunen Schafe eine alte Rasse, die man brauchte für braune Trachtenröcke. Es war eine schöne, sehr beständige Farbe. Heute weiß niemand etwas von so vielen braunen Schafen. Aber es gibt einige schwarze, die in der Strahlung des Hochgebirges auf Braun umfärben. Neugeborene Lämmer in brauner Farbe sind äußerst selten.

Der Ramseider-Schafler hatte das Recht, in der Funtenseealm zu schlafen – jedes Jahr in einer anderen Hütte. Der Hirt der Wildalm, Josef Auer, hatte 1943 wie üblich noch zwei Ziegen, die er bei Nacht und Schneewetter in einen winzigen Stall zwängen konnte. Bereits ein Jahr später (1947) mußte Pepi Hasenauer die Milch bei der tiefliegenden Lehenalm holen. Mehr als die Hälfte seiner 600 Almer Schafe waren Steinschafe: schwarz geboren, dann blaugrau (wichtig für den grauen Loden) und nur 30 kg schwer. In der Folge wurden immer mehr Tiroler Bergschafe eingekreuzt. Damals gab es noch drei Hirten für die „drei Gebirge“.

Der letzte bestellte Schafhirt, Klaus Herzog 1948, hütete 470 Schafe vom Enter- und Krallerwinkel. Er schlief teils zuhause, teils in der Wildalm-Schaferhütte. Diese Steinhütte hatte 2 mal 2,5 m Innenraum: links die Bretterkiste mit Stroh, rechts der kleine Ofen. Dieser stammt vom abgerissenen Jagdhaus von Hermann Göring. Kein Platz für einen Tisch! Klaus erzählt: „Das Leben des Schaflers ist für die Menschen von heute unvorstellbar. Maß mußte „a Freid“ daran haben. Der Verdienst war soviel wie nix. Ich habe mehr Schuhe zerrissen als verdient. Die Lebensmittel mußte ich selbst bei den Bauern abholen. Die „Goub“ (Gabe) war bei kleinen Bauern gut, bei den großen erhielt ich manchmal ein ausgetrocknetes Rindfleisch, das kein Hund mehr fressen wollte.“ Einen Hund hätte sich Klaus nicht leisten können. Ein solcher wäre auch eine Gefahr für die Schafe gewesen, weil sie sich im schnellen Lauf in den Klüften die Beine brechen. Klaus ist selber gelaufen wie ein Wiesel: Von Maria Alm bis zur Wildalm und zurück in sieben Stunden (sonst 16 Stunden berechnet). Regenschutz gab es keinen – nur Hut, Lodenhose und Lodenrock. Von Hagel und Regen gejagt, ist er in 45 Minuten von der Buchauerscharte und in 37 Minuten vom Riemannhaus nach Alm, visavi Waldgasthof, gelaufen.

Heute gehen die Bauern selber Schafe suchen und salzen. Ein großer Nachteil ist, daß es auf dem Plateau bei Wettereinbruch keinen Unterstand gibt. 1994 grasten in allen drei Gebirgen zusammen etwa 500 Scha-

Abbildung Seite 120:
Der letzte „Schafler“ mit seinen Tiroler Bergschafen.

Abbildung Seite 121: Almabtrieb über den Königssee.

fe. Tausendsiebenhundert, wie in alten Zeiten, müßten verhungern. Das Klima hat sich verschlechtert. Bis 1850 sind die Gletscher gewaltig angewachsen. Alte Schäfer schätzen, daß seit 1925/30 die Hälfte der Rasenflächen verschwunden ist. Das Schönangerl ist nur noch ein „lausiges" Fleckerl. Auch jetzt schreitet die Verkarstung durch Wind und Wasser fort. Das kurze Abweiden wirkt wie ein Rasenmäher und verdichtet den Bewuchs. Die Düngung durch viele Schafe förderte das Wachstum.

Die Schafe des Steinernen Meeres sind nicht „dumm". Sie kommen mit der zerklüfteten Steinwüste, dem unglaublich scharfkantigen Felsen und dem Schneewetter auch ohne Hirten zurecht. Vor dem Schnee flüchten sie zur Feldalm und zum Funtensee oder zur Buchauerscharte. Die Melchamer Schafe steigen im Juni mit der Vegetation von selbst über diese Scharte hinauf und kommen im September in der Regel wieder zurück. Die Verluste sind erträglich: einzelne werden von Touristenhunden versprengt. Fuchs und Adler holen frischgeborene Lämmer, wenn sich die Mutter nicht darüberstellt und sie mutig verteidigt. Der Schaftrieb über den Riemannsteig ist problematisch, wenn Touristen den Weg blockieren, weil die Schafe seitlich hinausklettern und Steine abtreten. Früher war diese Route, der Bärenstieg, nur für Kletterer, Schmuggler und Wilderer mit dem berüchtigten Zweimetersprung und dem Stopp im Aufsprung, um nicht über die Wand zu fallen.

Das Interesse für widerstandsfähige Haustiere und extensive Landwirtschaft steigt wieder – auch im Steinernen Meer. Die Interessen der Förster und Jäger stehen – oft nur scheinbar – dagegen. Davon könnte der Brüggl Steff ein Lied singen.

Rinder auf unwegsamen Steigen

Um 1870 weideten noch bayrische Kühe, Jungvieh und Ochsen in der Schönfeldgrube, nördlich der Schönfeldspitze. Von der Hütte ist noch ein Steinkranz vorhanden. Im Schneewetter wurde das Jungvieh in den „Pfrenger" gesperrt – das ist ein Platz mit Steinzaun, der noch zu sehen ist. Der „Scherm" (Stall) für die Kühe bestand nur aus Brettern, schräg an die Felswand gelehnt.

Mindestens seit 1486 ziehen die Kühe des Grafllehenhofes zur Fischunkelalm am Obersee. Vier Bauern nützten die Salet- und Funtenseealm. 1927 trieb man die Kühe zum letzten Mal am Königssee entlang. Der Steig ist etwa 9 km lang, geht steil auf und ab, unten am See und über den Felswänden dahin – heute ziemlich unwegsam, mit vier Stunden berechnet. Mit den Kühen war es fast eine Tagestour: die alten steigen langsam, die jungen und die Kalbinnen springen, drängen und raufen. Dabei haben sie einmal eine Sennerin über die Wand (bei der später errichteten Prinzregententafel Luitpold) hinausgestoßen. Kälber mußten größer und gehtüchtig sein, kleine wurden auf dem Heimweg getragen. Die Vorfahren waren starke, ausdauernde Leute.

Ab 1928 – dieses Jahr weiß nur noch die Mooslehen Maria – haben Bauern die Kühe mit zusammengehängten Landauern selber gerudert. Zwei Flachboote, mit Stangen und Stricken zusammengehängt, verstärken die Traglast unglaublich. Ein Boot allein würde bei springenden Tieren kentern. Sie wurden am Geländer angehängt. Sechs Ruderer konnten 10 Kühe über den See fahren. Im Herbst 1936 übernahm die Seenschiffahrt den Transport. Heute werden zwei Flachboote mit 16 Kühen vom Elektroboot geschoben. Wenn beim Aufladen Wind aufkommt, das Boot schwankt und Wasser hineinschwabbelt, muß sofort wieder ausgeladen werden – alles verschoben! 1994 ist eine Kalbin kopfüber vom Boot hinausgesprungen. Der kurze Strick riß nicht ab, das Tier konnte, beinahe schon bewußtlos, neben einer Felswand ans Ufer gezogen werden. Die dreistündige Reinigung der Boote und die Transportkosten tragen die Bauern.

In der Saletalm blieben die Kühe etwa vom 20. Mai bis Mitte Juli – dann drei Wochen am Funtensee. Das war eine gute Alm – wie man sagt: „mit viel Fraumantei (Frauenmantel) und viel Butter." Dann war die Feldalm vorgesehen bis zum Abtrieb Mitte September. Doch die Kühe sind mitunter schon am ersten Tag zielstrebig losmarschiert, um da oben das frischeste Gras zu genießen. Da mußte die junge Hilde viel „springen" und mächtig schreien. Früher wurde noch mehr gewandert: die einen zur Schönbichlalm, andere sogar zur Schönfeldgrube.

Der Auftrieb zum Funtensee war mühsam und aufregend, von fünf Uhr früh bis spät am Abend. Wichtigste Arbeit: an den Felssteigen das Geländer errichten, daß die Tiere nicht nach unten und bei den Spitzkehren nicht geradeaus vom Steig abweichen können. Hildegard Aschauer vom Altschiedlehen war bereits mit 15 Jahren Sennerin. Auf dem Felssteig am Neiger (Viehtriebssteig in Richtung Schrainbach) hüpfte eine große Kuh über die Absperrstangen, konnte jedoch über der Wand das Gleichgewicht halten. Hilde schrie verzweifelt nach dem Vater, der noch weit unten war. Die Kuh merkte die Gefahr, tat keinen Schritt vorwärts, sondern wagte den Sprung zurück auf den Steig. An dem äußerst schmalen Steig, der wieder abwärts führt, hat zweimal eine Kalbin zu laufen begonnen, konnte nicht mehr bremsen und ist 50 m in den Schrainbach abgestürzt. Der Viehtrieb war anstrengend: mit drückendem Rucksack so viel laufen, wenn die Jungtiere ziellos dahinspringen.

In der oben nur 30 m breiten Saugasse staute sich die Hitze. Zwischen senkrechten Wänden führt der Steig in 36 Spitzkehren steil hinauf. Ein Kalb konnte nicht mehr gehen der Altschiedlehener hat ihm Bier eingeflößt und es wieder eine Kehre hinaufgebettelt. Er zog und schob es und trug es und drohte ihm: „Ich stich dich ab." Es half nichts – Tragen war die einzige Möglichkeit.

Die Feldalm war ein Rundumkaser: im Zentrum stand das viereckige Stöckl mit Sennerinkamerl, Milchkammer und Kaser. Außen herum waren die Kühe angehängt. Sie hatten das Vordach über sich und hinter sich ein Geländer. Wenn es drei bis vier Tage schneite, trieb der eiskalte Wind den Schnee hinein. Es war kaum Heu vorhanden, keine eingezäunte Almwiese, daher konnten nur kleine Fleckchen gemäht werden. Die Kälber mußte man in die Nähe des Feuers stellen. 1940 wurde der Rundumkaser mit Brettern verschlagen.

Jede Woche haben Almleute mit der Kopfkraxn Butter und Käse zu Tal getragen und Lebensmittel hinauf. Auch Hilde trug als fünfzehnjährige Rucksack oder Kopfkraxn bis zu 70 Pfund: Rührkübel, darüber zehn Decken für die Lager im Heu. Sie war neun Jahre Sennerin und wollte selber tragen, was sie auf der Hütte brauchte: Zentrifuge, Kupferkessel, eigenes Bettzeug, Kleie und so fort. Die Feldalmhütte war nicht einbruchsicher. Sie schildert das karge Leben auf der Alm: „Zum Essen gab es an Wochentagen Rahmkoch und Rahmschmarrn mit Zucker, Fleisch nur in den Knödeln am Sonntag. Beim Viehtreiben haben wir unendlich viel geschrieen." Hilde hat nicht nur geschrieen, sie konnte mit Gefühl und ohne Stockschlagen Tiere auf unwegsamen Steigen treiben. Für Kühe von heute sind solche Steige unpassierbar. Die „alten", zähen Pinzgauer mit ihren schwarzen, festen Hufen und nur 300–400 kg schwer, haben das geschafft. Durch andere Rassen, hinter denen starke Zuchtvereine standen, wurden sie verdrängt. Der Grafflehener mit der Fischunkelalm hält ihr heute noch die Treue. In der Saletalm sieht man sogar ein paar Stück Tiroler Grauvieh, auch eine hochalpine Rasse. Sie gehören dem Unterschabellehener.

Maria Grießer vom Mooslehen war gut fünfzehn, als sie 1946 Sennerin wurde. Sie blieb 19 Sommer auf der Alm. „Gefürchtet habe ich mich nie," sagt sie. „Am Funtensee ist kaum ein Rind krank geworden, eher im Mai auf der Saletalm. Wir hatten selber Glaubersalz gegen Blähungen und Tropfen für einen Einguß. Die Schiffahrt hatte ein Telefon – Hilferufe nach einem Tierarzt wurden weitergeleitet. Öfter und billiger haben der Stöckelbauer, Wasti Wurm oder Alois Gruber, der Metzger war, gedoktert."

Wenn kein „Unreim" (Mißgeschick) Haus oder Herde getroffen hat, ziehen die Almtiere geschmückt unter dem Gebimmel der Glocken heim. Ein besonderer Schmuck ist die „Fuikl": 100 oder 300 Röseln (Rosetten) aus „G'schabatbandeln" sind kreisförmig aufgereiht. Diese Bänder sind bunt bemalte Holzstreifen und werden mit einem Hobel von der Schmalseite eines Brettes abgestoßen.

1961 waren zum letzten Mal Almtiere auf dem Funtensee. Es waren noch drei Bauern beteiligt. Nun fiel aus familiären Gründen der Altschiedlehener aus. Für zwei Bauern war der mühsame Auftrieb und das Einzäunen der Steige nicht zu schaffen. Auch die Sennerinnen sterben aus. Einige hatten das Glück zu heiraten, die anderen erhalten eine Hungerleiderrente für das mühevolle Leben. Aber sie sind zufrieden und hätten ihr Leben mit niemandem getauscht.

Vegetationsentwicklung am Steinernen Meer seit der letzten Eiszeit

Robert Krisai

Einleitung

Wie sich die menschliche Handlungsweise, unsere Kleidung und unser Brauchtum ständig ändern, ist auch das Pflanzenkleid unserer Berge nichts Unveränderliches, sondern ständigem Wandel unterworfen. Die Zeiträume, in denen sich dieser Wandel vollzog und vollzieht, übersteigen allerdings menschliches Maß und sind eher in Jahrtausenden als in Jahrhunderten zu messen. Und das sogar dann, wenn wir nicht die gesamte Entwicklung der Pflanzenwelt (vom Steinkohlenwald bis heute), sondern nur einen im Vergleich dazu recht kurzen Abschnitt, die Zeit nach der letzten Eiszeit, betrachten. Denn auch in dieser im Vergleich dazu kurzen Zeit von etwa 17000 Jahren vollzogen sich gewaltige Veränderungen in unserem Gebiet (Steinernes Meer, Berchtesgadener Land und Umgebung).

Woher wissen wir das? Keine Photos, keine Aufzeichnungen reichen so lange zurück! Gräser und Kräuter zersetzen sich rasch und sogar Holz vermorscht in der Regel innerhalb weniger Jahre. Ein Heer von Bakterien, Pilzen und Kleintieren arbeitet am Abbau von Pflanzensubstanz und erzeugt daraus fruchtbaren Humus für neue Generationen. Etwas ist dazu in (fast) allen Fällen erforderlich - Sauerstoff, Luftzutritt! Ist dieser erschwert oder fehlt er ganz, so ist auch der Abbau gehemmt und Moose, Samen, Holzreste und Wurzelteile bleiben erhalten. Das ist der Fall, wenn stehendes Wasser für Luftabschluß sorgt - in Mooren und Seen. Dort bilden sich Torfe und Seeablagerungen (Mudden), die mit geeigneten Methoden untersucht werden können.

Jede höhere Pflanze erzeugt zu ihrer Fortpflanzung Samenkörner, die aus der befruchteten Eizelle hervorgehen. Um die Befruchtung als Voraussetzung für den Samenansatz sicherzustellen, produziert sie Blütenstaub (Pollenkörner) in wechselnder Menge. Besonders viel erzeugen unsere Waldbäume, die fast alle windblütig sind, d. h. die Übertragung des Blütenstaubes auf die Narben dem Wind überlassen. Im Frühling ist dann die Luft weithin erfüllt von Pollen, wovon empfindliche Menschen ein Lied singen können (Pollenallergie!). Der meiste Blütenstaub erreicht aber die Narben nicht, sondern sinkt nach und nach zu Boden, auch in Mooren und Seen, und wird dann im Torf eingebettet. Die Pollenkörner der meisten Waldbäume und Kräuter besitzen bestimmte, arteigene Formen; sie können erkannt und der betreffenden Baumart zugeordnet werden. Zählt man nun noch aus, wie viele Pollenkörner einer bestimmten Art vorhanden sind, so kann man das Waldbild erschließen, das zur Zeit der Entstehung dieser Ablagerung in der Umgebung des Moores herrschte. Seit der Amerikaner LIBBY 1947 die Radiocarbonmethode entdeckte, ist es auch möglich, das Alter von Torfen in Jahren anzugeben und so die Entwicklung und den Wandel der Wälder seit der letzten Eiszeit darzustellen.

Die Anfänge Pflanzenausbreitung nach dem Eisrückzug (17000–13000 v. h.)

Nach den Erkenntnissen der Eiszeitforscher hat das Gletschereis, das einst bis über den Chiemsee hinaus nach Norden reichte, vor ca. 17000 Jahren begonnen, sich aus unserem Raum zurückzuziehen. Der Eiszerfall vollzog sich sehr rasch und vor 13000 Jahren dürften höchstens noch kleinere Eisreste am Plateau des Steinernen Meeres vorhanden gewesen sein.

Aus der Frühzeit vor der Rückkehr des Waldes liegen von den Berchtesgadener Bergen und dem angrenzenden Teilen Salzburgs keine Untersuchungen vor, wir sind daher auf Analogieschlüsse angewiesen.

Man möchte meinen, daß sich auf den vom Eis freigegebenen Flächen zunächst die gleichen Pflanzen ansiedelten, die wir auch heute in den Gletschervorfeldern und auf Moränen (etwa am Dachstein) finden, z. B. das Einblütige Hornkraut *(Cerastium uniflorum)*, das Rundblättrige Täschelkraut *(Thlaspi rotundifolium)*, die Silberwurz *(Dryas octopetala)*, das Alpen-Rispengras *(Poa alpina)*, schließlich Spalierweiden *(Salix retusa* und *reticulata)*, strauchige Weiden *(Salix waldsteiniana)* und schließlich die Latsche *(Pinus mugo agg.)*. Diese Modellvorstellung traf aber nur teilweise zu – das Klima muß doch etwas anders gewesen sein als heute, denn es kamen eine Reihe von Pflanzen reichlich vor, die jetzt bedeutungslos sind oder überhaupt fehlen: der Beifuß (*Artemisia,* wir wissen nicht, welche Arten), Gänsefußgewächse (*Chenopodiaceae,* Gattungen und Arten unbekannt), Sonnenröschen *(Helianthemum alpestre)* und Meerträubl (*Ephedra,* mehrere Arten). Eine vergleichbare Vegetation gibt es heute in Europa nirgends; am nächsten kommen ihr noch die Kältesteppen Innerasiens. Das Meerträubl wächst (in verschiedenen Arten) im Mittelmeergebiet (mit Vorposten in Südtirol und im Wallis). Einige Gänsefußgewächse, die vermutlich damals auch bei uns verbreitet waren, konnten sich im Lößbereich des östlichen Niederösterreich bis heute halten, nämlich die Hornmelde *(Krascheninnikovia ceratoides)* und die Radmelde *(Bassia prostrata).*

Der Anteil der Weiden blieb – im Gegensatz zu heute – auch dann bescheiden, als sich die Verhältnisse besserten; hingegen treten nun andere Kleinsträucher auf: die Zwergbirke *(Betula nana),* der Wacholder *(Juniperus communis)* und der Sanddorn *(Hippophae rhamnoides).* Der Sanddorn ist ein Pflanze trockener Schuttfächer besonders im Kalk, die Zwergbirke hingegen kommt hauptsächlich auf sauren Böden vor. Im Alpenbereich ist sie heute auf einige wenige Reliktvorkommen in Mooren zurückgedrängt, während sie in den skandinavischen Gebirgen noch sehr häufig ist. Diese erste Zwergstrauchvegetation hatte daher vermutlich mehr Ähnlichkeit mit den heutigen Verhältnissen in den Gebirgen Nordeuropas als mit denen in den Alpen. Sie trug wesentlich dazu bei, daß der Schutt gebunden wurde und sich Boden bilden konnte und hat so das Aufkommen von Wald vorbereitet.

Wenn Gott das Gras so schön kleidet, das heute blüht und morgen in den Ofen geworfen wird. Wieviel mehr dann Euch, ihr Kleingläubigen? Macht Euch nicht so viele Sorgen: „Was werden wir essen? Was werden wir anziehen? Sucht zuerst das Reich Gottes! Alles andere wird Euch hinzugegeben werden."

Mt. 6,30

Der erste Wald (13 000–9 000 v. h.)

Auch von der ersten Phase der Wiederbewaldung, der Bölling-Zeit (13 000–12 000 v. h.) verfügen wir im Gebiet über keine direkten Zeugnisse. Im nördlichen Alpenvorland und in den Alpentälern entstand ein Vorwald aus Baumbirken *(Betula sp.),* Kiefer *(Pinus sp.)* und Wacholder *(Jniperus communis),* örtlich spielte auch der Sanddorn eine Rolle, vielleicht auch schon die Zirbe *(Pinus cembra).* Der Anteil der Kräuter ging zurück, Bäume und Sträucher machten ihnen den Platz streitig und drängten sie in die Hochlagen ab. Die „Glazialpflanzen" Beifuß, Gänsefuß usw. verschwanden allmählich aus unserem Gebiet und die jetzige Gebirgsvegetation mit Polstersegge *(Carex firma),* Silberwurz *(Dryas octopetala)* und Blaugras *(Sesleria varia)* bildete sich heraus. Ein Kälterückschlag am Ende der Bölling-Zeit, der nur 200 Jahre gedauert hat, war wenig wirksam und machte sich fast nur durch die Ausbreitung des Wacholders *(Juniperus sp.)* bemerkbar.

Nach 11 800 v. h. muß die Kiefer rasch das gesamte Gebiet (mit Ausnahme der Hochlagen oberhalb 1800 m) erobert haben. Im Tal war es wahrscheinlich die Waldkiefer *(Pinus sylvestris),* an den Hängen die Latsche *(Pinus mugo agg.)* und gegen die damalige Waldgrenze zu auch die Zirbe *(Pinus cembra)* die den Wald aufgebaut haben. Neben den Kiefern konnte nur die Birke einen bescheidenen Anteil behaupten; Wacholder und Sanddorn wurden bedeutungslos oder verschwanden ganz. Auch die Glazialpflanzen zogen sich nun aus unserem Raum zurück. Trotzdem können diese frühen Kiefernwälder noch nicht sehr dicht gewesen sein, denn der Anteil der Gräser und Kräuter blieb noch immer relativ hoch, die lichten Kiefernwälder trugen Graswuchs. Der Abschnitt wird als „Allerödzeit" bezeichnet.

Auch eine letzte Kaltphase, die in die Zeit von 11 000–10 000 v. h. fiel und die sich in Nordeuropa noch stark ausgewirkt hat (dort „jüngere Tundrenzeit" genannt), ist in den Alpen nur mäßig oder gar nicht mehr zu spüren gewesen. Nur in den Hochlagen dürfte es nochmals zu einer Auflichtung der Wälder gekommen sein und die Glazialpflanzen konnten sich ein letztes Mal bemerkbar machen, bevor sie gegen Ende des Abschnittes endgültig verschwanden. Mit dem Ende dieser „jüngeren Tundrenzeit" endet nach allgemeiner Auffassung auch die Späteiszeit und die Nacheiszeit beginnt. Die Alpengletscher waren zu diesem Zeitpunkt alle bereits etwa auf das heutige Ausmaß zurückgeschmolzen.

Zunächst änderte sich aber in der Zusammensetzung des Waldes wenig, denn die Kiefer konnte noch 1000 Jahre ihre Herrschaft behaupten – der erste Abschnitt der Nacheiszeit war eine Kiefernzeit. Gegen Ende des Abschnittes finden sich allerdings zunehmend auch Spuren anspruchsvollerer Gehölze, vor allem der Ulme *(Ulmus sp.)* und Hasel *(Corylus avellana),* die den kommenden Umbruch ankündigen.

Abbildung Seite 125:

Die heute fast kahle Hochfläche am Fuß des Hundstodes war noch vor 5000 Jahren bewaldet.

Der Höhepunkt
Edellaubwald der Tallagen, Fichtenwald der Gebirge (9 000–5 000 v. h.)

Über die folgenden Abschnitte sind wir durch die Pollendiagramme von MAYER (1966), SCHMIDT (in MÜLLER, SCHMIDT, SCHMID u. FROH 1985) und KRAL (1990) sowie ältere Arbeiten aus dem Vorland (z. B. Frillensee, SCHMEIDL 1973) besser unterrichtet.

Etwa um 9000 v. h. ändert sich das Waldbild grundlegend. Zunächst breiten sich in den Kiefernwäldern bis gegen die Waldgrenze zu explosionsartig die Hasel *(Corylus avellana),* und die Ulme *(Ulmus sp.)* aus. Auch dieser Wald der „Haselzeit" besitzt in der heutigen Vegetation Europas nichts Vergleichbares; wir können sein Aussehen nur vermuten. Selbst am Funtensee müssen Hasel und Ulme häufig gewesen sein, was beim heutigen doch deutlich subalpinen Charakter dieser Gegend verwundert. Eiche *(Quercus sp.)* und Linde *(Tilia sp.)* sind ebenfalls schon vorhanden, bleiben aber zunächst noch unbedeutend und wohl auf die Tallagen beschränkt. In mittleren Höhenlagen kommt seit dem Beginn der Haselzeit die Fichte *(Picea excelsa)* stark auf und wird gegen Ende des Abschnittes die herrschende Baumart (ab 8000 v.h.).

Der Massenwuchs der Hasel war offensichtlich nur von kurzer Dauer, vielleicht nur ein Sukzessionsstadium, bis sich die höherwüchsigen, langsamer wachsenden Bäume durchsetzen konnten. Nunmehr, ab ca. 8000 v. h., bemerken wir einen deutlichen Unterschied zwischen den Tallagen (und dem Alpenvorland) und den höheren Lagen. Im Tal setzt sich ein Edellaubwald aus Ulmen *(Ulmus sp.),* Linden *(Tilia sp.),* Eichen *(Quercus sp.),* Ahorn *(Acer sp.)* und Eschen *(Fraxinus sp.)* durch; im Gebirge herrscht die Fichte *(Picea abies)* unangefochten. Kiefern und Birken werden zurückgedrängt und bleiben bis in die jüngste Zeit bedeutungslos. Auch der Latschengürtel dürfte, wenn überhaupt vorhanden, viel schmäler gewesen sein als heute. Die obere Waldgrenze stieg nach MAYER (1966) allmählich bis auf 2200 m(!) an. Demnach müßte der größte Teil des Plateaus des Steinernen Meeres bewaldet gewesen sein, eine Vorstellung, die angesichts der Steinwüste, der man heute dort begegnet, überrascht. Das Studium der Karstphänomene weist aber in die gleiche Richtung. Bestimmte Karstformen, sogenannte Rundkarren, wie sie am Plateau immer wieder zu finden sind, konnten nur unter Vegetationsbedeckung entstehen und sind daher ein deutlicher Hinweis auf frühere Bodenbildungen (wenn schon nicht direkt auf Wald), die der Erosion zum Opfer gefallen sind. Kräuter und Gräser spielen nun eine sehr geringe Rolle. Was sich nicht an das Leben im dichten Wald anpassen konnte, wurde auf Sonderstandorte (Felsrippen, Schuttfluren, Moore) oder auf die höchsten Teile des Gebirges (oberhalb 2200 m) abgedrängt.

Hätte damals ein Wallfahrer von Maria Alm aus das Gebirge überquert, so hätte seine Wanderung im dichten Ulmen-Linden-Eichen-Wald begonnen. Alsbald hätte er aber den Fichtenwald betreten, dem dann am Schuttkegel an der Südseite des Gebirges auch Waldkiefer und höher oben dann die Latsche beigemischt

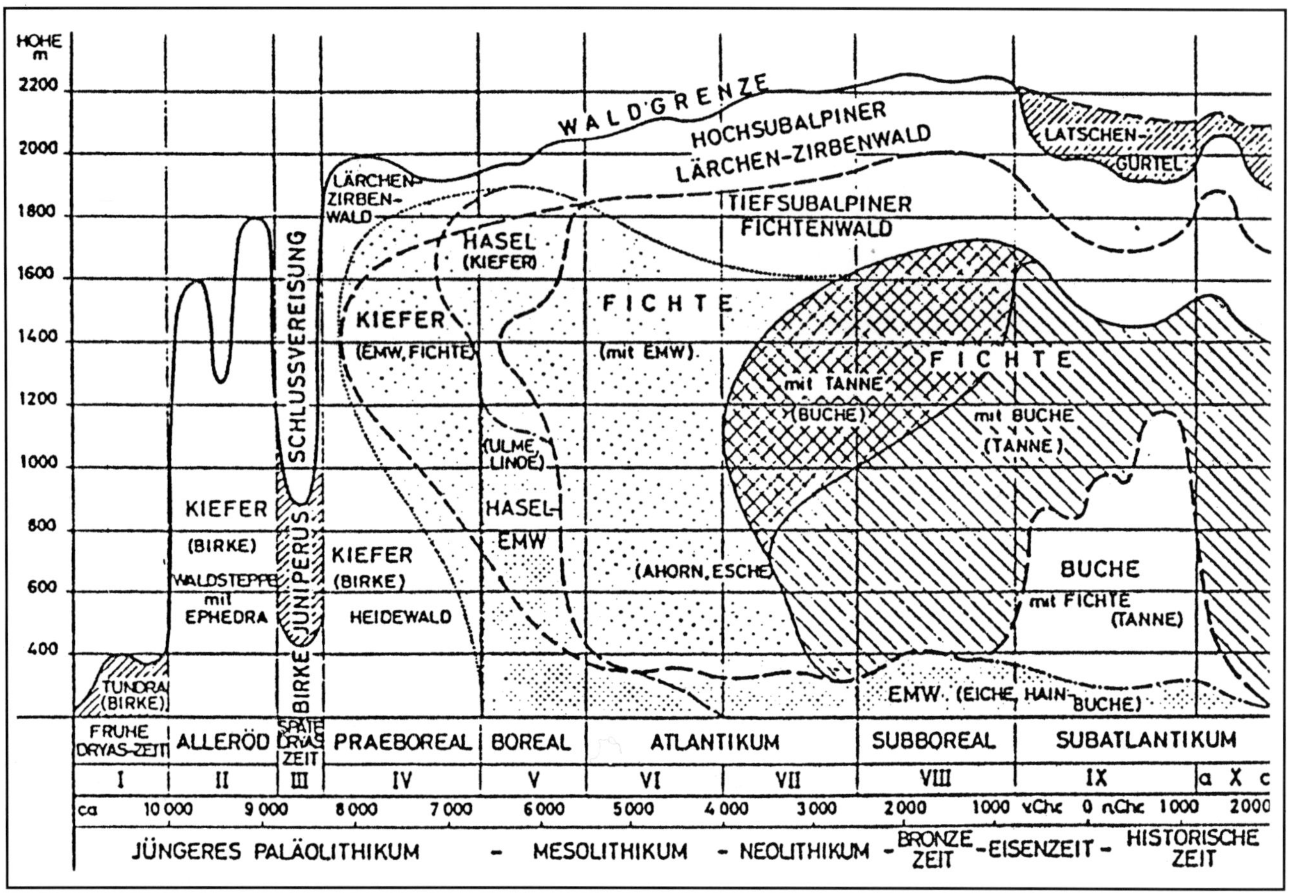

war, nicht viel anders als es an dieser Stelle auch heute der Fall ist. Wegen der höher hinaufreichenden Vegetation mag der Schuttnachschub freilich etwas geringer gewesen sein. Die etwa dreistündige Wanderung über das Plateau des Steinernen Meeres hätte ihn durch lückigen Zirben-(Lärchen)-Wald mit Latschen im Unterwuchs geführt, bis er beim Abstieg durch das Baumgartl zum Funtensee wieder in den Fichtenwald eingetaucht wäre. Am See mögen Feuchtflächen dort und da den Wald etwas zurückgedrängt und ihn zum Bleiben eingeladen haben. Beim Abstieg zur Halbinsel des (heutigen) St. Bartholomä tauchten dann im Fichtenwald zunehmend Ulmen und Ahorn auf und nahe am Ziel dann auch noch Linde und Eiche. Buche und Tanne kamen zwar schon vor, waren aber nicht wesentlich am Aufbau des Waldes beteiligt.

Der jüngste Abschnitt Die Ausbreitung von Tanne und Buche (4500–900 v. h.)

Gegen Ende der Eichenmischwald-Fichtenzeit vor ca. 4500 Jahren änderte sich das Waldbild noch einmal, ein letztes Mal vor dem massiven Eingreifen des Menschen. Zunächst die Tanne *(Abies alba)*, später dann die Buche *(Fagus sylvatica)*, beide im Wald der Hanglagen schon vorhanden, begannen sich auszubreiten und drängten die Fichte nach oben, den Eichenmischwald aber nach unten (und damit aus dem Berchtesgadener Land hinaus) ab. Die Ursache dafür sehen manche Forscher in einer Klimaverschlechterung, andere glauben darin (wenigstens teilweise) eine Auswirkung der Tätigkeit des Menschen der Jungsteinzeit zu erkennen. Der Neolithiker kannte noch keine Wiesenkultur, sondern fütterte sein Vieh im Winter mit Laub, das er durch Schnaiteln von Esche, Ulme und Linde gewann. In manchen Gegenden Osttirols ist dieses Schnaiteln auch heute noch üblich und es ist durchaus denkbar, daß dadurch Einfluß auf die Waldzusammensetzung genommen wurde. Ob aber der Siegeszug der Buche bis auf 1400 m hinauf damit erklärbar ist, ist fraglich. Sicher brachte die Änderung der Baumschicht auch Veränderungen in der Boden-

Abbildung Seite 126:

Vorherrschende Baumarten im Bergwald des Berchtesgadener Landes von den Tallagen bis zur Waldgrenze während spät- und postglazialer Zeitabschnitte (vgl. WELTEN 1952, Abb. 24, Berner Alpen). Die allmähliche Verdrängung der spätglazialen Kiefernwälder durch Ausbreitung des EMW (Einwanderungsweg?) und der Fichte sowie die langsame Anreicherung des montanen Fichtenwaldes mit Tanne/Buche prägen sich gut aus, aber auch die neuzeitliche Verarmung des Bergmischwaldes. Aus MAYER 1966.

Abbildungen Seiten 127:

Von oben nach unten: Pollenkorn der Kratzdistel *(Cirsium)*, rezent

Spore des Wurmfarnes *(Dryopteris filix mas)*, rezent

Kiefern-*(Pinus-)* Pollenkorn, rezent

Buchen-*(Fagus-)* Pollenkorn, rezent

vegetation mit sich; die Wälder waren nicht mehr so dicht geschlossen, denn der Kräuteranteil nimmt wieder etwas zu. Das kann aber auch einen beginnenden Einfluß des Menschen auf den Wald widerspiegeln.

Ein zusammenfassender Überblick über das Geschehen, den MAYER (1966) erarbeitet hat, ist der beigegebenen Abbildung zu entnehmen.

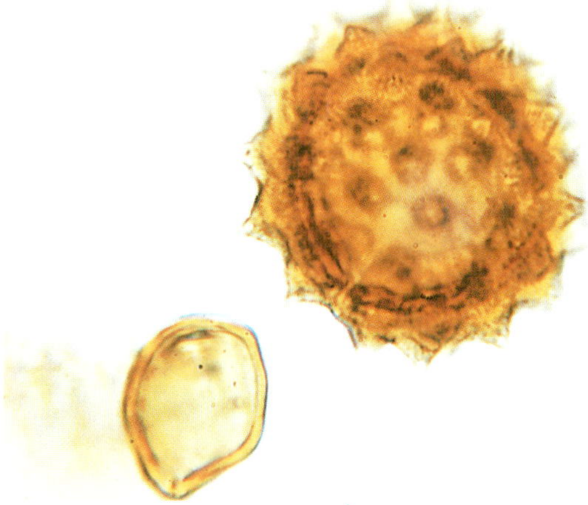

Walddegradation durch den Menschen (Mittelalter-Gegenwart)

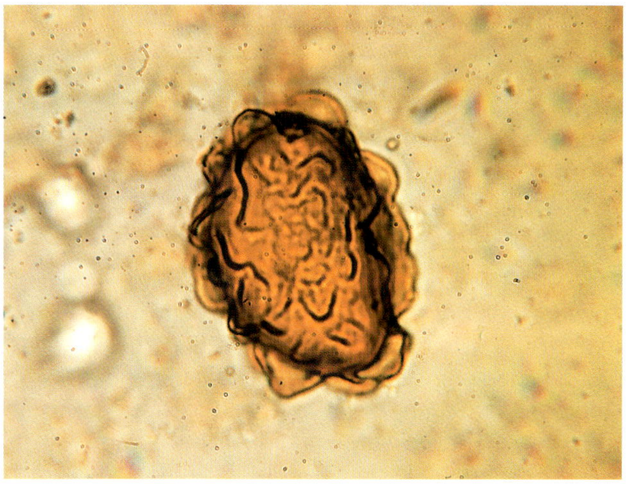

Spätestens in der Bronzezeit, wahrscheinlich aber schon früher, begann der Mensch im Alpenvorland massiv in den Wald einzugreifen, große Flächen zu roden und sich dienstbar zu machen. Das abgelegene, unwirtliche Berchtesgadener Land hat er später erreicht als den Pinzgau, wo es Kupfer zu gewinnen gab und wo daher zahlreiche Zeugnisse aus der Bronzezeit seine Anwesenheit belegen. Auch ein frühes Vordringen des Menschen in die Hochlagen um die Waldgrenze ist wahrscheinlich, aber im Berchtesgadener Land nicht direkt bewiesen.

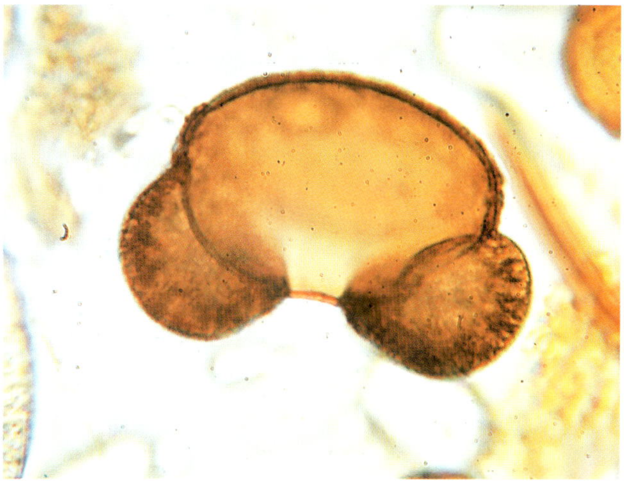

Erst seit der Gründung des Klosters Berchtesgaden im Jahre 1102 verstärkte sich der menschliche Einfluß auch im Berchtesgadener Land beträchtlich. Wohl bald darauf verschwand der Wald praktisch aus den Tallagen und unteren Hangpartien und die heutige Verteilung von Wald und Kulturland bildete sich heraus. Im oberen Waldgürtel (z. B. am Funtensee) entstanden Almen, ja sogar am Hochplateau des Steinernen Meeres waren solche vorhanden. Um Weideflächen zu gewinnen und den Holzbedarf der Kaser zu decken, wurde der Wald zurückgedrängt und die Waldgrenze herabgedrückt. Eine Klimaverschlechterung seit dem Hochmittelalter hat sicher das Ihre dazu beigetragen und führte letzten Endes zum Entstehen der verkarsteten Hochfläche. Nach MEISTER (1976) hat sich dabei die Beweidung durch Schafe bis in die höchsten Teile des Gebirges hinauf besonders schlecht ausgewirkt. Mit dem Aufkommen der Saline in Berchtesgaden stieg der Holzbedarf gewaltig an und auch abgelegene Waldteile wurden kahlgeschlagen. Zusammen mit der verbreiteten Waldweide führte das zu einer starken Walddegradation, wobei besonders die empfindlicheren Laubbäume zurückgingen. Eine pflegliche Waldwirtschaft setzte erst vor etwa 200 Jahren ein; aber auch dann wurde die Fichte überall begünstigt, weil sie das besser verwertbare Holz lieferte. So entstand das heutige, von der Fichte beherrschte Waldbild. In den Hochlagen breitete sich die Lichtholzart Lärche aus, die durch die Auflichtung der Wälder gewann.

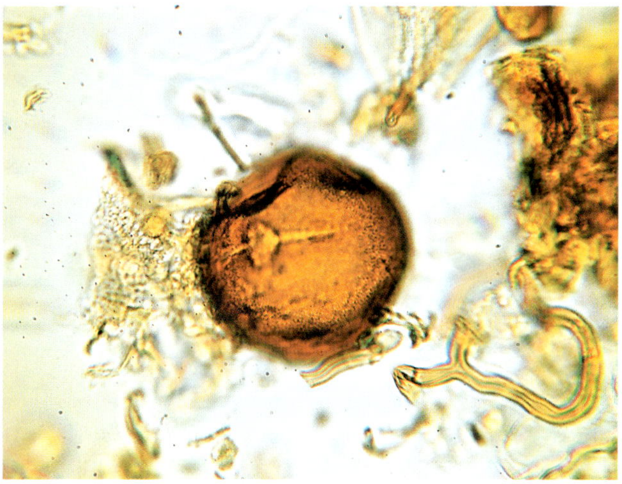

In jüngster Zeit hat der Einfluß des Menschen im Gebirge wieder etwas nachgelassen und manche Almen wurden aufgegeben oder werden zur Zeit nicht bestoßen. Am Funtensee wird seit ca. 40 Jahren nicht mehr beweidet; die Wiesen sind blütenreich und die

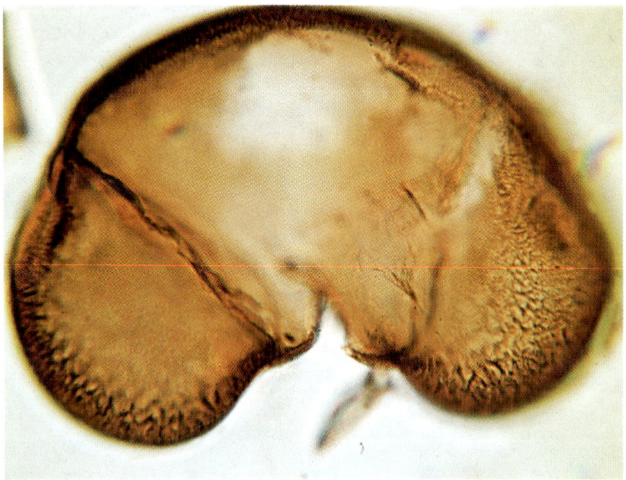

Abbildung: Fichten-*(Picea-)* Pollenkorn, rezent

Moorflächen zeigen keine Trittschäden mehr. Ausgedehnte Lägerfluren legen aber immer noch Zeugnis von der jahrhundertelangen Anwesenheit des Weideviehs ab und von einem Zuwachsen mit Gehölzen ist noch wenig zu spüren.

Zur Zeit ist ein großräumiges Höherrücken der Vegetationsgrenzen in den Alpen zu beobachten (GOTTFRIED et al. 1994). Wie weit sich darin eine dauerhafte Erwärmung widerspiegelt und welche Auswirkungen das im Gebiet haben kann, bleibt abzuwarten. Wesentlich für die weitere Entwicklung wird auch sein, wie weit es gelingt, den noch vorhandenen Einfluß des Menschen im Nationalpark Berchtesgaden bzw. im österreichischen Naturschutzgebiet Kalkhochalpen nach und nach auszuschalten (nationalparkgerechte Wildbestandsregulierung, pflegliche, allmählich auslaufende Holznutzung, Bereinigung von Weiderechten) und so wieder eine progressive Vegetationsentwicklung, wie sie in Ansätzen in den Hochlagen schon zu erkennen ist, zu ermöglichen.

Literaturverzeichnis

GOTTFRIED, M., PAULI, H. u. G. GRABHERR,1994: Die Alpen im „Treibhaus“: Nachweis für das erwärmungsbedingte Höhersteigen der alpinen und nivalen Vegetation. Jahrb. d. Ver. z. Schutz d. Bergwelt 59: 13–28, München.

KRAL, Friedrich,1990: Ein pollenanalytischer Beitrag zur natürlichen und anthropogenen Waldentwicklung in den Berchtesgadener Alpen. In: Wälder: Geschichte, Zustand, Planung. Nationalpark Berchtesgaden, Forschungsbericht Nr. 20, S. 7–20.

MAYER, Hannes,1966: Waldgeschichte des Berchtesgadener Landes (Salzburger Kalkalpen). Forstwiss. Forschungen, Beih. z. Forstwiss. Centralbl. Heft 22, 42 S., Hamburg.

MEISTER, G.,1976: Nationalpark Berchtesgaden. Begegnung mit dem Naturparadies am Königssee. 151 S., München.

MÜLLER, J., SCHMIDT, R., SCHMID, A. M. u. J. FROH, 1985: Die postglaziale Entwicklungsgeschichte des Funtensees (palynologische, sedimentologische und paläolimnologische Untersuchungen eines Bohrkernes) In: Der Funtensee. Naturkundliches Portrait eines subalpinen Sees. Nationalpark Berchtesgaden, Forschungsbericht Nr. 7, S. 67–96.

SCHMEIDL, H.,1973: Zur Vegetations- und Waldentwicklung im Frillensee-Gebiet. Erläuterungen zur geolog. Karte von Bayern 1:25.000 Blatt 8242 Inzell, S. 74–80, München.

Jmpressionen
von der Wallfahrt
über das Steinerne Meer

Jmpressionen

von der Wallfahrt
über das Steinerne Meer

Impressionen

von der Wallfahrt
über das Steinerne Meer

Impressionen

von der Wallfahrt
über das Steinerne Meer

Jmpressionen
von der Wallfahrt über das Steinerne Meer

Impressionen
von der Wallfahrt
über das Steinerne Meer

Impressionen
von der Wallfahrt
über das Steinerne Meer

Eine Botschaft zum Mitnehmen

Wallfahrt durch die Schöpfung

Vielfältiges ist dem vors Auge getreten, der dieses Buch gelesen und dabei erfahren hat, was alles an Erinnerung menschlicher Geschichte, an Entwicklung und Formation der Erde, an Reichtum des Lebendigen dem Wanderer von Maria Alm nach St. Bartholomä begegnet. Solch ein Weg und die Betrachtung solcher Wege kann zur Wallfahrt werden. Wie unterscheidet sich Wallfahrt vom bloßen Spaziergang, von Handels- oder Vergnügungsreise? Wallfahrt ist bewußte Entscheidung, sich auf den Weg zu machen, ist nicht nur Getrieben- oder Vertriebenwerden durch äußere Zwänge oder das Ablenkungsbedürfnis einer gelangweilten Seele. Wallfahrt wird unternommen nicht um bestimmter Zwecke willen, also um etwas zu erwerben oder zu erreichen, sondern um den Sinn unseres Auf-dem-Wegseins zu erspüren. Wallfahrten geht man in der Haltung frommer und ehrfürchtiger Offenheit, nicht in der Neugierde auf Sensationen, im Streben nach Vielwissen, in der Habgier, Kostbarkeiten, Leistungen und Rekorde zu sammeln.

Wallfahrt zur Schöpfung

Für viele ist heute schon der Weg in die Natur eine Wallfahrt, gerade wenn sie ihnen, wie hier in diesem großen deutsch-österreichischen Schutzgebiet, noch als ursprüngliche Schöpfung entgegentritt. Es ist die Frömmigkeit ehrfürchtigen Staunens. Sie blickt nicht auf Nutzung und Verwertung, Erschließung und Bemächtigung, sondern einfach auf Kraft und Vielfalt, auf Schönheit und Würde des Wirklichen. Was immer wir auch an Erkenntnis der langwierigen Entstehungsgeschichte von Bergen und Tälern oder des innersten Aufbaus der kleinsten Flechte gewinnen, stets bleibt doch das Geheimnis, das Wunderbare der Schöpfung. In diesem Geheimnis des Lebendigen aber begegnet der Mensch zugleich dem Wunder seines eigenen Daseins. So kann er in geschwisterliche Zwiesprache mit der Schöpfung treten, mit Stein und Bach, mit Distel und Dohle und mit der Weite einer Landschaft, die sich vor seinem Blick ausbreitet und übergeht in die Wolken des Himmels. Von solch einer Wallfahrt in die Natur kehrt der Mensch demütiger zurück, weil er seine Kleinheit vor ihrer Größe gespürt hat. Er kehrt erhoben und würdevoller zurück, weil er ihre Weite in sich aufgenommen hat. Er kehrt stiller zurück, weil die Geschwätzigkeit seiner Welt für eine Weile verstummt ist. Er kehrt zurück mit einem neuen Wort, einem neuen Lied in der Seele, weil er das Loben und Preisen gelernt hat.

Wallfahrt zum Schöpfer

Im Loben und Preisen wird der Mensch des einen Ursprungs alles Wunderbaren in Welt und Seele inne. So kann Wallfahrt Weg zum Schöpfer werden und Lobpreis seiner Güte. Die Dankbarkeit des Lobens macht neu sensibel für die Wunder der Schöpfung und zugleich für die Einheit alles Seienden. Der Wallfahrer bleibt darum nicht stehen vor einer bestimmten Gestalt der Natur, als ob sie göttlich wäre und absolut. Das ist ihm weder Sonne noch Mond, weder Berg noch Wasser, weder die Fruchtbarkeit des Lebens noch die Starre des Todes. Der Wallfahrer freut sich im Vorübergehen. Denn die Schönheit des Vergänglichen leuchtet dem Vorübergehenden auf; sie verdirbt, wenn wir ihr ganz verfallen und endgültige Erfüllung von ihr erwarten. Der Wallfahrer weiß um ein größeres und bleibendes Ziel, für das der Wallfahrtsort nur ein Zeichen ist. Auch das Gesamt der Schöpfung vergeht. Auch die Natur ist endlich und begrenzt. Sie kann vom Menschen zerstört werden, auch ohne ihn ist sie dem Verfall und Tod preisgegeben. Entropie und schwarze Löcher künden von dem Sog des Nichts. Die Natur ist kein göttliches ewiges Wesen, auch wenn sie noch Millionen Jahre bestehen mag. Sie hat nicht die Kraft zur Unsterblichkeit.

Wallfahrt zum Erlöser

Werden wir nicht hin- und hergerissen zwischen der Faszination der Schöpfung und der Grausamkeit, die im Gesetz des Fressens und Gefressenwerdens und im unerbittlichen Ende liegen? Spüren wir nicht in uns selber den Widerspruch zwischen unserer Aufgabe, mit der Natur zu leben, sie zu hüten, zu pflegen, ihrem innersten Wesen entsprechend zu gestalten, und unserer Schuld, die unsere Macht über sie mißbraucht, sie ausraubt und zerstört? Unseren geschichtlichen Weg durch die Schöpfung müssen wir darum auch als Bußwallfahrt gehen, aber zugleich als Wallfahrt der Hoffnung. Diese Hoffnung entspringt nicht der Stärke der Natur oder der Leistung des Menschen, sondern dem schöpferischen Gott, der in Jesus in diese unsere Geschichte eingetreten ist. Am Zielpunkt der Wallfahrt steht darum die Stätte und die Feier des Gedächtnisses an unseren Erlöser, seine Versöhnungstat am Kreuz und seine Auferweckung aus dem Tod. Gegenwärtig wird mit der geschichtlichen Heilstat die Hoffnung, die der Gemeinschaft der Kirche auf dem Weg durch die Zeit anvertraut ist. Ihre Zeugen sind die Heiligen wie Maria und Bartholomäus. Die Wallfahrt durch die Schöpfung endet an einem Ort, der Erlösung für die Geschichte der Menschen und für die ganze Schöpfung verheißt.

Wallfahrt mit der Schöpfung

Denn auf Erlösung wartet nach Paulus die gesamte Schöpfung. Sie „seufzt und liegt in Geburtswehen" und soll „von der Sklaverei und Verlorenheit befreit werden zur Freiheit und Herrlichkeit der Kinder Gottes". Sie „wartet sehnsüchtig auf das Offenbarwerden der Söhne Gottes" (Röm 8,19–22). Der Mensch, der durch die Schöpfung wallfahrtet, der ihre Schönheit preist, der sie schützt und hütet, der an ihr schuldig geworden ist und mit ihr sich ängstigt vor Leid und Tod, er kann gewiß nicht ihr Retter sein, aber Bote der Rettung, Träger der Hoffnung auf die schöpferische und neues Leben schaffende Kraft Gottes. Er kann verkünden: „Wenn einer in Christus ist, so ist er ein neues Geschöpf. Das Alte ist vergangen, siehe Neues ist geworden" (2 Kor. 5,17). Wer durch die Schöpfung wallfahrtet, nimmt ihre Schönheit und ihre Bedrohtheit wahr. Er geht mit ihr den Weg, nicht mit Wehmut und Resignation, sondern in Hoffnung.

Odilo Lechner OSB

Autorenverzeichnis

Prof. Ambros Aichhorn
Gaisbergstraße 7
A-5020 Salzburg

Pfarrer Prälat Dr. Walter Brugger
Pfarramt St. Andreas
Nonntal 4
D-83471 Berchtesgaden

Univ.-Doz. Dr. Paul Heiselmayer
Institut für Botanik
Universität Salzburg
Hellbrunner Straße 34
A-5020 Salzburg

Pfarrer Dr. Wolfgang Höhne
Ludwig-Ganghofer-Straße 28
D-83471 Berchtesgaden

Pfarrer Sebastian Kitzbichler
Pfarrhaus
A-5761 Maria Alm

Dkfm. Univ.-Prof. Dr. Robert Krisai
Institut für Botanik
Universität Salzburg
Hellbrunner Straße 34
A-5020 Salzburg

Dr. Ewald Langenscheidt
Naglmühle 5
D-94094 Rotthalmünster

Abt Dr. Odilo Lechner OSB
Abtei St. Bonifaz
Karlstraße 34
D-80333 München

Univ.-Doz. Dr. Thomas Peer
Institut für Botanik
Universität Salzburg
Hellbrunner Straße 34
A-5020 Salzburg

SR Wilhelm Schwaiger
Haus Nr. 43
A-5761 Maria Alm

Dipl.-Ing. Josef Seidenschwarz
Nationalparkverwaltung Berchtesgaden
Doktorberg 6
D-83471 Berchtesgaden

Prodekan i. R.
Friedrich Spiegel-Schmidt
Edelweißstraße 18
D-83233 Bernau

Univ.-Doz. Dr. Walter Strobl
Institut für Botanik
Universität Salzburg
Hellbrunner Straße 34
A-5020 Salzburg

Univ.-Prof. Dr. Roman Türk
Institut für Pflanzenphysiologie
Universität Salzburg
Hellbrunner Straße 34
A-5020 Salzburg

Pastoralreferentin Schwester
Ilsemarie Weiffen RSCJ
Pfarrei Mariahilf München
Franz-Prüller-Straße 16
D-81669 München

Dr. Helmut Wunder
Nationalparkverwaltung Berchtesgaden
Doktorberg 6
D-83471 Berchtesgaden

Forstdirektor Dr. Hubert Zierl
Autor und Schriftleiter
Leiter der Nationalparkverwaltung Berchtesgaden
Doktorberg 6
D-83471 Berchtesgaden

Nikolaus Hasenknopf
Gesamtgestaltung
Nationalparkverwaltung Berchtesgaden
Doktorberg 6
D-83471 Berchtesgaden

Bildnachweis

Aichhorn A., Salzburg: Seite 38, 46, 48, 56, 58, 68 (oben), 80 (oben), 84, 99, 100, 101, 102, 108, 112, 120 (Archiv), 124.

Ambach & Hemetsberger: Seite 60 (oben rechts und unten).

Fuchslechner A., Bischofswiesen: Titelbild, Seite 19, 20.

Hasenknopf N., Nationalparkverwaltung Berchtesgaden: Seite 22, 23, 79 (links), 104, 115 (oben links und rechts), 132 (oben).

Hauptstaatsarchiv München: Seite 27.

Kittel J., Wien: Seite: 7, 18, 34 (oben und unten links), 36 (oben links und rechts), 51 (oben links), 52 (unten), 53 (oben), 54, 75 (oben), 76, 77 (oben rechts), 78 (unten rechts), 95, 96, 98 (oben rechts, mitte links und rechts, unten links), 116.

Krabichler W., Kitzbühel: Seite 32 (Ausschnitt aus einer Panoramakarte).

Krisai R., Salzburg: Seite 111, 113, 125, 127, 128.

Langenscheidt E., Rotthalmünster: Seite 40, 41, 70.

Aus Mayer (1966): Seite 126.

Musikkapelle Maria Alm (Archiv): Seite 9, 10, 11, 12, 13, 14, 16, 17, 28, 33, 34 (unten rechts), 35, 36 (unten), 51 (unten), 52 (oben), 53 (unten), 75 (unten links), 77 (oben links und unten), 78 (oben und unten links), 97 (unten), 98 (unten), 115 (unten), 117, 118, 130 (mitte links und unten rechts), 131 (oben rechts und unten), 132 (unten), 133, 134, 135.

Peer Th., Salzburg: Seite 57, 59, 60 (oben links).

Salzburger Landesarchiv: Seite 24, 25.

Foto Schmid, Berchtesgaden, aus der Bildersammlung des Berchtesgadener Heimatkalenders, Seite 121.

Seidenschwarz J., Nationalparkverwaltung Berchtesgaden: Seite 85 (links oben), 87 (links).

Türk R., Salzburg: Seite 105, 107, 109, 110.

Wagner K., Nationalparkverwaltung Berchtesgaden: Seite 30, 39, 44, 51 (oben rechts), 63, 64, 65, 66, 68 (unten), 69, 73, 74, 75 (unten rechts), 79 (rechts), 80 (unten), 81, 82, 85 (oben rechts und unten links und rechts), 86 (oben links und unten links), 88, 89, 90, 91, 92, 93, 94, 97 (oben links und rechts), 98 (oben links), 129, 130 (oben links und rechts, unten links), 131 (oben links), 136.

Weiffen I., München: Seite 43, 45, 47, 49, 72.

Zierl H., Nationalparkverwaltung Berchtesgaden: Seite 86 (rechts), 87 (rechts).

In der Reihe der Forschungsberichte sind erschienen:

Nr. 1 G. Enders
Theoretische Topoklimatologie

Nr. 2 R. Bochter, W. Neuerburg, W. Zech
Humus und Humusschwund im Gebirge

Nr. 3 Herausgeber Nationalparkverwaltung
Zur Situation der Greifvögel in den Alpen

Nr. 4 G. Enders
Kartenteil: Theoretische Topoklimatologie

Nr. 5 O. Siebeck
Der Königssee
Eine limnologische Projektstudie

Nr. 6 R. Bochter
Böden naturnaher Bergwaldstandorte auf carbonatreichen Substraten

Nr. 7 Herausgeber Nationalparkverwaltung
Der Funtensee

Nr. 8 H. Schmid-Heckel
Zur Kenntnis der Pilze in den Nördlichen Kalkalpen

Nr. 9 R. Boller
Diplopoden als Streuzersetzer in einem Lärchenwald

Nr. 10 E. Langenscheidt
Höhlen und ihre Sedimente in den Berchtesgadener Alpen

Nr. 11 Herausgeber Nationalparkverwaltung
Das Bärenseminar

Nr. 12 H. Knott
Geschichte der Salinenwälder von Berchtesgaden

Nr. 13 A. Manghabati
Einfluß des Tourismus auf die Hochgebirgslandschaft

Nr. 14 A. Spiegel-Schmidt
Alte Forschungs- und Reiseberichte aus dem Berchtesgadener Land

Nr. 15 H. Schmid-Heckel
Pilze in den Berchtesgadener Alpen

Nr. 16 L. Spandau
Angewandte Ökosystemforschung im Nationalpark Berchtesgaden

Nr. 17 W. Berberich
Das Raum-Zeit-System des Rotfuchses

Nr. 18 U. Mäck, R. Bögel
Untersuchungen zur Ethologie und Raumnutzung von Gänse- und Bartgeier

Nr. 19 B. Dittrich, U. Hermsdorf
Biomonitoring in Waldökosystemen

Nr. 20 F. Kral, H. Rall
Wälder – Geschichte, Zustand, Planung

Nr. 21 M. Klein, R.-D. Negele, E. Leuner, E. Bohl, R. Leyerer
Fischbiologie des Königssees: Fischereibiologie und Parasitologie

Nr. 22 W. Traunspurger
Fischbiologie des Königssees: Nahrungsangebot und Nahrungswahl Bd. I

Nr. 23 R. Gerstmeier
Fischbiologie des Königssees: Nahrungsangebot und Nahrungswahl Bd. II

Nr. 24 W. Hecht, M. Förster, F. Pirchner
R. Hoffmann, P. Scheinert, H. Rettenbeck
Fischbiologie des Königssees: Ökologisch-genetische Untersuchungen am Seesaibling und Gesundheitsstatus der Fische

Nr. 25 G. Hofmann
Klimatologie des Alpenparks

Nr. 26 K. Rösch
Einfluß der Beweidung auf die Vegetation des Bergwaldes

Nr. 27 H. Remmert, P. G. Rey, W. R. Siegfried, W. Scherzinger, S. Klaus
Kleinstmögliche Populationen bei Tieren

Nr. 28 B. Müller, W. Berberich, A. David
Schalenwild

Nr. 29 J. Köppel
Beitrag der Vegetation zum Wasserhaushalt

Nr. 30 H. Zierl et al.
Die Wallfahrt über das Steinerne Meer

Zu beziehen über die
Nationalparkverwaltung Berchtesgaden, Doktorberg 6, D-83471 Berchtesgaden